Christoph Kretschmar

Ich Esel. Reden von Gott

AF223386

Christoph Kretschmar

ICH ESEL

Reden von Gott

Predigten – Rundfunkandachten – Artikel

Bibliografische Information der Deutschen Nationalbibliothek
Die Deutsche Nationalbibliothek verzeichnet diese Publikation in der
Deutschen Nationalbibliografie; detaillierte bibliografische Daten
sind im Internet über dnb.d-nb.de abrufbar.

ISBN 978 3 844 80854 4

Herstellung und Verlag: Books on Demand GmbH, Norderstedt
Bild auf dem Umschlag: Henri de Toulouse-Lautrec "L'Ane"

Für meine Frau.

Ich danke Dir mein Wohl, mein Glück in diesem Leben.
Ich war wohl klug, dass ich Dich fand;
doch ich fand nicht. GOTT hat Dich mir gegeben;
so segnet keine andre Hand.

(Matthias Claudius)

INHALT

VORWORT

M ein Vater, Christoph Kretschmar, wurde am 25. Juli 1936 in Liegnitz, Schlesien, geboren. Er war acht Jahre alt, als er mit seinen Eltern und den sechs Geschwistern aus Schlesien fliehen musste. Die Familie fand in Ludwigsburg bei Stuttgart eine neue Heimat, wo sein Vater, Friedrich Kretschmar, bis zu seiner Pensionierung als Pfarrer tätig war. Mein Vater ging zunächst in Ludwigsburg zur Schule und verbrachte dann einige Jahre im Internat im Kloster Schöntal. Nach seinem Theologiestudium in Hamburg, Heidelberg und Tübingen, wurde er Vikar in der „Newcomer's Christian Fellowship" in New York, einer Gemeinde, die es sich zur Aufgabe gemacht hatte, jüdische Flüchtlinge aus Europa nach ihrer Ankunft in New York zu begleiten und zu unterstützen. 1963 heiratete er Gotelind Kretschmar in Heilbronn – auch sie kam aus einer großen Familie. Heute haben sie selbst sechs Kinder und 19 Enkel.

Christoph Kretschmar wurde in Hamburg zum Pfarrer ordiniert und trat 1965 seine erste Pfarrstelle in St. Johannis in Hamburg-Eppendorf an, später wurde er Pastor in Klein Borstel. 1977 ging er nach Kiel an die St. Nikolai-Kirche – 23 Jahre lang war er dort Pastor. Dort sind die meisten der in diesem Buch gesammelten Texte entstanden. Viele wurden als Radioandachten gesendet, einige erschienen in der Zeitung als „Wort zum Sonntag".

Die Arbeit an diesem Buch hat mir Freude gemacht! Ich habe mich gerne so intensiv mit den Texten befasst. Manche waren mir unbekannt, aber an viele konnte ich mich noch sehr gut erinnern. Die hier nun vorliegende Auswahl und auch die Gliederung des Buches ist darum natürlich auch auf Grund ganz persönlicher Kriterien und Vorlieben entstanden. Ich hoffe, dass es dennoch gelungen ist, herauszustellen, was meinem Vater als Pastor wichtig ist.

Wenn ich diese Texte heute lese, dann beeindruckt mich, dass es ihm, so finde ich, gelungen ist, sich immer wieder neu in sein Gegenüber, in die konkrete Situation hineinzudenken, mitzugehen – und dabei gleichzeitig eine eindeutige Position zu vertreten. Seine Positionen sind, in meinen Augen, geprägt von Empathie und von Toleranz, ohne dass er jemals die Grenze von der Liberalität zur Gleichgültigkeit überschreitet.

Dass dieses Buch im Dezember 2011 erscheint, ist kein Zufall. In diesem Monat feiern wir den 70. Geburtstag meiner Mutter. Ohne sie gäbe es diese Predigten nicht.

Und natürlich hätte ich die Idee zu diesem Buch auch nicht ganz allein umsetzen können: Bei der Auswahl der Texte hat mir meine älteste Tochter Sophia geholfen. Theologischer Ratgeber war mein Bruder Joachim Kretschmar, der heute Pastor in Kiel ist. Er hat zudem das Layout entworfen und gestaltet.

Berlin, Dezember 2011   Magdalena Schupelius

I.

„Er weckt mich alle Morgen"
– Gott ist gegenwärtig

DER HEILIGE BOGEN

Deutschlandfunk, 21. Juni 1988

Der Hamburger Liedermacher Hans Scheibner schrieb eine Glosse mit der Überschrift: „Der Heilige Bogen." Darin nimmt er die Pastoren aufs Korn, die es in ihren Andachten immer wieder fertig bringen, den – wie er es nennt – „Heiligen Bogen" zu schlagen. Von irgendeinem weltlichen Anlass, den sie sich vorgenommen haben, schlagen sie irgendwie den Bogen zu den himmlischen Verhältnissen. So weiß Scheibner von einem Pastor, der predigte: „Ein Apfelgehäuse liegt unscheinbar und missachtet auf der Straße. Und doch: In diesem Gehäuse ist der Kern, die Kraft für einen neuen Baum. Wenn er auf fruchtbaren Boden fällt, so wird aus dem Verachteten ein Baum. So, meine lieben Zuhörer, ist es mit dem Menschen und dem Höchsten dort droben..." und schwupp hat er die Kurve gekriegt. Und dann berichtet Hans Scheibner von seinem Freund Fritz Köhler. Der behauptet nämlich, er könne den „Heiligen Bogen" von jedem x-beliebigen Gegenstand in höchstens 30 Sekunden schlagen. Kaum wird ihm ein Stichwort zugeworfen – schon hält er eine Kurzpredigt. Ob man ihm das Stichwort „Mülltonne" oder „Parkhaus" oder „Glühbirne" zuruft – immer kriegt Fritz Köhler den „Heiligen Bogen". Scheibners Glosse ist köstlich!

Vor lauter Schmunzeln vergisst man freilich leicht, dass hier eine Wahrheit zur Sprache kommt, die unverzichtbar zum christlichen Glauben gehört: Es gibt den „Heiligen Bogen" – es muss ihn geben. Ohne einen „Heiligen Bogen" können wir von Gott gar nicht reden. Nur gleichnishaft kann Gott zur Sprache gebracht werden, nur in Bildern. So hat es auch Jesus getan. Oft nahm er alltägliche Begebenheiten zum Gleichnis für das Reich Gottes. Und ich selbst schlage den „Heiligen Bogen", wenn ich zum Beispiel die Geburt eines Kindes erlebe oder wenn ich an einem Krankenbett stehe und weiß: noch ist uns dieser Tag geschenkt. Auch, wenn mich die Farbenpracht und der Duft eines Blumengartens beglückt oder nachts der Sternenhimmel fasziniert.

Es ist dann so, als wenn mir einer das Stichwort „Wunder" zuruft. Der „Heilige Bogen" verbindet das, was ich im Alltag erlebe, mit Gott. Man kann freilich den Bogen überspannen. Dann wird es leicht peinlich und lächerlich. Darauf macht Hans Scheibner mit Recht aufmerksam.

Die Bibel erzählt aber noch von einem anderen „Heiligen Bogen". Den Regenbogen meine ich. Er ist doch immer neu wunderbar, wenn er am Himmel erscheint – auch für uns moderne Menschen, die wir sein Geheimnis durschaut haben und wissen, wie er entsteht. Für die alten Germanen war der Regenbogen der Weg der Götter zur Erde. Für die Finnen der Weg der Toten ins Jenseits. Und die Babylonier glaubten, die Göttin Ishtar zeige von Zeit zu Zeit den Menschen ihren prächtigen Halsschmuck. Das Volk Israel aber glaubte Gott weit hinter allem Sichtbaren. Darum war der Bogen ihm ein Zeichen: Es ist der

Bogen ohne Pfeil! Und das bedeutet: Gott ist nicht mehr, wie bei der Sintflut, gegen die Welt, sondern Gott ist für die Welt. Der Regenbogen ist ein Zeichen für den Bund des Schöpfers mit seiner Schöpfung. Er gilt, solange es einen Regenbogen gibt. Gegen allen Augenschein. Gott liebt seine Schöpfung. Und er hat uns Menschen zu Mitarbeitern in seiner Schöpfung eingesetzt. Wir aber haben in Hochmut den Bogen gleichsam überspannt. Wir Menschen achten nicht mehr auf das, was der Schöpfer meint und will.

Es gibt den „Heiligen Bogen", es muss ihn geben. Er verbindet alles, was Gott geschaffen hat, mit ihm, dem Schöpfer. Er erinnert an den göttlichen Ursprung und das göttliche Ziel aller Dinge. Und wenn ich den Regenbogen sehe, dann freue ich mich. Erinnert er mich doch auch an den unverbrüchlichen Bund Gottes mit uns Menschen. Mit uns, den Mitarbeitern in seiner Schöpfung.

„UND HÄTTE DIE LIEBE NICHT."

NDR, 4. April 1987

Kürzlich hatte ich eine Frau zu beerdigen. Sie war noch sehr jung, Mutter von zwei kleinen Kindern. Es fiel mir außerordentlich schwer. Sie war so ein besonders liebevoller und liebenswerter Mensch. Wenn solche Menschen gehen müssen, wird es kälter in der Welt. Und doch: Hätte sie alt werden dürfen, mehr, Größeres hätte auch dann nicht von ihr gesagt werden können, als dies, dass sie in der Liebe lebte. Es macht mich traurig und beklommen, wenn ich einen alten Menschen zu Grabe tragen muss, von dem ich den Eindruck habe: Er hat im Leben kaum Liebe erfahren. Liebe, die wir alle brauchen, um selbst lieben zu können. Nun haben wir ja die Liebe nicht aus uns selbst. Sie kommt von Gott. Gottes Geist will unsere Begabungen zum Guten lenken, zu dem, was bleibt. Wer sprechen kann, der redet dann zum Guten. Wer forschen und erfinden kann, sucht dann nach dem, was den Menschen gut tut. Wer Macht hat, ist dann gütig.

In jeder Gabe steckt auch eine Aufgabe. Wer diese Verantwortung ablehnt, löst sich von dem, der alle Gaben gibt. Wer sich von Gott löst, löst sich von der Liebe. Vom Apostel Paulus stammen die berühmten Worte: „Wenn ich mit Menschen- und mit Engelzungen redete und hätte die Liebe nicht, so wäre ich ein tönernes Erz oder eine klingende Schelle."

„Und hätte die Liebe nicht." Wir haben sie nicht, aber wir haben sie nötig. Wir allen sehnen uns nach einer Liebe, die uns nie entzogen wird, die sich nicht enttäuschen lässt, die nicht genug von uns kriegt. Diese Liebe gibt es. In sie möchte ich hineinwachsen. Leichter wird unser Leben nicht, wenn Gottes Geist an uns wirkt. Leichter nicht. Aber das ist auch eine unserer vergänglichen und vordergründigen Fragen: „Wie kann ich es leichter haben?" Die Frage dagegen, wie wir es einander leichter machen können, führt weiter. Sie hilft uns zu Erfahrungen, die zeigen, was bleibt. Wenn ich trotz meiner Angst Grenzen überwinde und trotz meiner Bequemlichkeit Lasten der anderen mittrage, wachse ich über mich selbst hinaus. Kräfte wachsen mir zu, die ich vorher nicht gekannt habe.

Es gibt diese Liebe. Das zu glauben und zu leben ist das Schönste, Größte und Wichtigste – auch für diesen Tag.

SORGE

NDR III, 6.Oktober 1992

Wenn Sie das Wort „Sorge" hören – was fällt Ihnen dazu ein? Angst oder Vorsorge oder Fürsorge? Das deutsche Wort „Sorge" umfasst viele Bedeutungen. Ebenso das entsprechende griechische Wort im Neuen Testament. Was meint Jesus, wenn er sagt: „Sorget nicht!"? Meint er die Sorglosigkeit? Gewiss nicht die Sorglosigkeit, die leichtfüßig daher kommt: „Mach es wie die Sonnenuhr, zähl' die heit'ren Stunden nur." Das ist verantwortungslos, aber auch kraftlos, wenn die Krisen im Leben kommen.

Meint Jesus vielleicht die Sorglosigkeit, die wir auch von der griechischen Philosophie, der Stoa, oder aus den Lehren des Buddhismus kennen? Man muss sich üben darin, nichts mehr zu wollen, nichts mehr zu lieben und nichts mehr zu fürchten. Wer das fertig bringt, der ist im Grunde seines Herzens unangreifbar geworden für die Sorge. Aber der Preis ist hoch: Es ist ein unterkühltes, ein gefühlloses Herz.

Ich glaube, Jesus meint nicht die Sorglosigkeit, die unsere Probleme und Befürchtungen gering achtet oder gar wegdiskutiert. Er meint die Sorglosigkeit, die sich ganz von selbst einstellt, wenn wir Gottes Fürsorge wahrnehmen und hochachten. Darum hat es auch keinen Sinn, mit Jesus darüber zu streiten, ob ein Mensch auf sich selbst aufpassen müsse oder ob er das Gott überlassen darf. Das sind keine echten Gegensätze. Entscheidend ist, dass Gott seine Geschöpfe nicht sich selbst überlässt oder einem blinden Schicksal ausliefert, sondern dass er jeden Augenblick für sie da ist, auch in Dunkelheit und Gefahr und selbst im Tod.

Martin Luther hat kurz vor seinem Tod einen originellen Brief an seine Frau geschrieben. Sie hatte sich um ihren kranken Mann große Sorgen gemacht. Durch diesen Brief erhielt sie einen kräftigen Anstoß, sich nicht so sehr zu sorgen, sondern trotz allen Widrigkeiten Gott zu vertrauen. Er schrieb: „Meiner lieben Hausfrau Katherin Luther, (....) du willst sorgen für deinen Gott, der da könnte zehn Doctor Martinus schaffen, wenn der eine alte ersöffe in der Saale – lass mich in Frieden mit deiner Sorge! Ich habe einen besseren Sorger als du und alle Engel es sind. Der liegt in der Krippe, aber sitzt gleichwohl zur rechten Hand Gottes. Darum sei im Frieden!"

ER ZOG ABER SEINER STRASSE FRÖHLICH

Deutschlandfunk, 20. Juni 1988

E s ist Reisezeit. Für viele ist Urlaub und Reisen ein und
dasselbe. Urlaub ist etwas modernes, aber gereist wurde
schon immer. Es gibt wohl kaum ein Buch, das von so vielen
reisenden Menschen berichtet, wie die Bibel. Auf zwei biblische
Reiseberichte möchte ich sie darum heute hinweisen.

In der Apostelgeschichte wird von einer hochrangigen Per-
sönlichkeit erzählt, die eine wochenlange und gewiss mühselige
Reise von der Hauptstadt Äthiopiens nach Jerusalem unternom-
men hatte. Es war der Finanzminister am Hof der äthiopischen
Königin. Auf seiner Reise hatte er bestimmt viele interessante
und auch spannende Abenteuer erlebt. Am eindrücklichsten
aber war für ihn die Begegnung mit einem Buch und mit einem
Menschen. In Jerusalem hatte er sich eine Buchrolle gekauft, einen kleinen Teil der Bibel. Er steckte sie nicht als Souvenir ins
Gepäck, sondern fing gleich auf der Rückreise, trotz der holp-
rigen Wege, an zu lesen. Und in diesem Zusammenhang kam
es dann zu einer Begegnung mit dem Apostel Philippus. Dieser
konnte offenbar so überzeugend von Jesus Christus erzählen,
dass sich der vornehme Afrikaner noch unterwegs taufen ließ.
Ein außergewöhnlicher Reisebericht, an dessen Ende der schöne Satz steht: „Er zog aber seiner Straße fröhlich." Vielleicht
sollten auch wir die Bibel einmal mit in den Urlaub nehmen. Sie

erzählt so viele spannende Geschichten, die wir vergessen oder noch gar nicht entdeckt haben. Und vor allem erzählt sie von Erfahrungen mit Gott, die unversehens mit unseren eigenen Erfahrungen in Berührung kommen.

Eine zweite Reisegeschichte der Bibel möchte ich erzählen: Sie handelt von Saul, dem späteren ersten König Israels. Tagelang war er unterwegs, um verlorene Esel zu suchen. Dabei kam er zu Samuel, dem Seher. Der lud ihn zum Essen ein und machte ihm auf dem Dach ein Lager zurecht. „Unterkunft und Verpflegung" nennen wir Reisende von heute so etwas und wissen, wie wichtig das ist. Und Samuel tat noch ein übriges: Er weckte seinen Gast am anderen Morgen und begleitete ihn zur Stadt hinaus. Auf diesem Weg aber hielt er unvermittelt inne und sagte: „Steh' jetzt still!" Und das war die Stunde, in der Saul erfuhr, was Gott mit ihm vorhatte. König des Gottesvolkes sollte er werden. Unterwegssein und Stillestehen gehören zusammen. Nur so machen wir mehr aus unseren Reisen. Saul wollte seine Esel finden. Gott aber wollte mehr. Es wurde für Saul eine Reise, die sein Leben veränderte.

Bei festlichen Anlässen wird unser ganzes Leben gern mit einer Reise verglichen. Und umgekehrt: In unsere wirkliche Reise, die Urlaubsreise, legen wir alles hinein, was wir vom Leben erwarten. Mit dem Gedanken ans Reisen verbinden wir so viele Hoffnungen und heimliche Wünsche. Spannend soll es werden und zugleich entspannend. Zu Enttäuschungen kommt es meist,

weil wir nicht stille stehen wollen. Unterwegssein und Stillestehen gehören aber zusammen. Darum wünsche ich mir für meine
Urlaubsreise Begegnungen mit Menschen, die mich zum Stillestehen bringen. Ich möchte mehr vom Urlaub haben. Ich möchte
Erfahrungen mit Gott machen. Mit dem Gott, der meine tiefsten
Wünsche kennt und der, weil er es gut mit mir meint, viele nicht
erfüllt. Aber am Schluss meines Reiseberichts, ja, am Ende meiner ganzen Lebensreise soll rückblickend der schöne Satz stehen
können: „Er zog aber seiner Straße fröhlich."

HIMMLISCHE FREUDEN

NDR, 1990

E in Baggerführer aus Lübeck konnte sich freuen. Zufällig
hatte er einen großen Schatz gefunden: Alte Münzen im
Wert von über drei Millionen Mark. Und ein Gericht hatte ihm
auch tatsächlich später die Hälfte davon zugesprochen. Dieser
Mann hatte nicht gesucht und doch gefunden. Er hat einfach
Glück gehabt und konnte sich freuen. Wer möchte nicht auch so
viel Glück haben und unversehens reich werden? Freilich, den
Himmel auf Erden werden wir so nicht gewinnen – die himmlische Freude, die ist anders.

Dass es die himmlische Freude gibt, das steht fest. Es gibt
sie, weil Gott sucht und findet. Er sucht jeden, der zum Himmel
gehört und ruht nicht, bis er ihn findet. Denn der Himmel ist

nicht heil und vollständig, wenn auch nur einer von uns fehlt. Uns berührt das oftmals wenig. „Lieber den Spatz in der Hand als die Taube auf dem Dach", denken wir. Lieber ein bisschen irdisches Glück als die großen, aber fernen Worte vom Himmel und seiner Freude. Doch die Erde ganz ohne Himmel wird schnell zur Hölle. Wenn wir der himmlischen Freude gar keinen Raum gönnen, schleicht sich die Sorge ein, ob wir nun arm sind oder reich.

In einem seiner schönsten Gleichnisse erzählt Jesus von einem Hirten, der hundert Schafe besaß. Eines davon ging ihm verloren. Da machte er sich auf den Weg, ohne Rücksicht auf die Herde, nur um das eine Schaf zu suchen. „Und als er's gefunden hatte", so heißt es in der Bibel, „da legte er sich's auf die Schultern voller Freude".

Eines von hundert Schafen. Der Verlust beträgt also 1%. Es zählen doch die 99%. Sie haben Gewicht. Die Mehrheit zählt – so ist es in der Demokratie. Wie sollten wir es anders machen? Die Stückzahl macht's – so ist es in der Industrie und im Handel. Wie sollte man sonst Gewinne machen? Die Menge zählt – so ist es in der Natur. Die Erhaltung der Art wäre sonst in Gefahr. Der Einzelne zählt – so ist es bei Gott.

Ohne den Glauben an diesen Gott, der Gewinn und Verlust nicht bilanziert, dem aber der einzelne Mensch unendlich wertvoll und wichtig ist – ohne diesen Glauben ist der Mensch eine nach Milliarden zählende Gattung: Ein riesiger Haufen intelligenter Säugetiere. Und während der Staat und auch die Kirche bemüht sind, bessere Bedingungen für eine intakte Herde zu schaffen, ist er, der gute Hirte, auf der Suche nach dem Einzelnen – nach dem, der allein gelassen ist mit seinem Leben.

Gott kennt jeden. Nicht als Fall, als Teil einer Gruppe, sondern als sein Geschöpf, sein Eigentum, von ihm geliebt. Weil Gott uns sucht, sind wir einzelne: Person und nicht Exemplar einer Gattung. Weil Gott uns liebt, gibt es die Freude – himmlische Freude.

SO GOTT WILL
Kieler Express, Silvester 1987

E in neues Jahr liegt vor uns. Es trägt keinen Namen. Es hat nur eine Nummer: 1988. Nummern stellen in Reih und Glied, damit alles seine Ordnung hat. Namen aber sagen uns, zu wem wir gehören. Anno Domini, sagte man früher. Auch 1988 gehört Gott, dem Herren. Das ist mir wichtig.

Das neue Jahr liegt vor uns. Zunächst liegt es vor uns auf dem Tisch als Kalender. Und gleich machen wir Gebrauch vom neuen Jahr. Wir tragen Termine ein. Da sind vor allem die Geburtstage, aber auch manche Jubiläen. Wie gut, dass es im neuen Jahr wieder Feste geben wird. Das sind Hoch-Zeiten des Lebens. Auch habe ich oft erlebt, dass jemand schwer krank war, aber mit aller Energie auf seinen Geburtstag hin lebte und dann, wenige Tage nach diesem Fest, verstarb. Solche Kraft liegt in der Vorfreude auf ein Fest!

Das neue Jahr liegt aber auch vor uns wie eine Landschaft an einem Wintermorgen. Der Nebel lässt keinen Durchblick zu und es ist kalt. Zu dieser Stimmung passen keine Pläne, nur ganz naheliegende Wünsche: dass die Sonne ein bisschen hervorkommt und dass ich nicht friere. Früher hat man darum neben eine Termineintragung gesetzt: „So Gott will".

„So Gott will" – das klingt wie eine einschränkende Floskel, wie etwas, das wir nur in Klammern setzen möchten. Und doch ist es die Klammer um unser ganzes Leben mit dem ganz und gar positiven Vorzeichen: Gott. Wie ein Bogen über meinem Leben von der Geburt bis zum Tod steht der Satz: Gott will mich! Das gilt uneingeschränkt auch für Anno Domini 1988.

VOM RECHTEN HÖREN
St. Johannis, Eppendorf, August 1966

Jesus sprach: Wer diese meine Rede hört und tut sie, der gleicht einem klugen Mann, der sein Haus auf Fels baute. Als nun ein Platzregen fiel und die Wasser kamen und die Winde wehten und stießen an das Haus, fiel es doch nicht ein, denn es war auf Fels gegründet. Und wer diese meine Rede hört und tut sie nicht, der gleicht einem törichten Mann, der sein Haus auf Sand baute. Als nun ein Platzregen fiel und die Wasser kamen und die Winde wehten und stießen an das Haus, da fiel es ein, und sein Fall war groß. Und es begab sich, als Jesus diese Rede vollendet hatte, dass sich das Volk entsetzte über seine Lehre; denn er lehrte sie mit Vollmacht und nicht wie ihre Schriftgelehrten.

(Mt. 7, 24-29)

Hören – und sich entsetzen

Über unseren Predigttext möchte ich die Überschrift setzen: Vom rechten Hören. Vielleicht denkt jetzt mancher, es müsse eher heißen „Aufruf zur Tat" oder einfach „praktisches Christentum", weil es Jesus doch hier gerade um das Tun des Wortes Gottes geht? „Vom rechten Hören" – das klingt für die meisten Ohren wie eine alte Antwort auf überholte Fragen. Psychologen und Soziologen weisen uns darauf hin, dass wir Menschen heute nicht mehr auf das Hören angelegt sind, einfach deshalb, weil zu viel geredet wird. Die einzige Sprache, die noch gehört wird, ist die Welt und Menschen verändernde Tat. Das wird uns Christen, das wird der Kirche unermüdlich vorgehalten. Die einzige Predigt, die noch verstanden wird, ist das vorgelebte Christentum. Wir können das täglich erfahren. Und im Erfahrungsaustausch bestätigen wir es einander ständig.

Eine Kirche, die einseitig auf die Richtigkeit ihres Bekenntnisses und ihrer Liturgie oder auf die fromme Gesinnung ihrer Glieder baut, steht auf Sandboden. Wenn ein Platzregen oder die Stürme kommen, heißen sie nun Kirchenkampf, Atheismus oder Säkularisation, bricht alles zusammen. Das Gleiche gilt aber auch umgekehrt: Eine Kirche, die allein auf ihre großen Taten baut, steht ebenfalls auf Sandboden und wird auf Dauer von den verschiedensten Strömungen der Zeiten weggespült. Nur *die* Kirche, die auf das rechte Hören baut, steht auf Felsengrund, denn nur sie kann sagen, dass ihr Fundament „Jesus Christus, gestern und heute und derselbe auch in Ewigkeit" ist.

Vom rechten Hören redet unser Predigttext. Damit ist nicht nur das Vernehmen, das geduldige Hinhören gemeint, sondern das Hören, das den ganzen Menschen beansprucht. Ein Hören, das sich in zwei Richtungen bewegt und ausbreitet: In unser Innerstes und zugleich nach Außen. Am Ende des heutigen Bibelwortes steht: „Da Jesus diese Rede vollendet hatte, entsetzte sich das Volk über seine Lehre, denn er lehrte mit Vollmacht und nicht wie ihre Schriftgelehrten." Das ist der Abschluss der Bergpredigt, jener gewaltigen Predigt Jesu, die die ganze Werteskala der Welt durchkreuzt. In ihr werden die Armen, die Demütigen, die Entrechteten und die Verfolgten glücklich gepriesen als diejenigen, die von der Welt nichts zu erwarten haben, weil sie nicht in ihr Gefüge hineinpassen, die aber von Gott alles erwarten – und erwarten dürfen.

In dieser Predigt wird weiter unser Leben in allen seinen Bereichen angesprochen, herausgefordert und unter den Willen Gottes gestellt, sei das der Bereich der Politik, der Arbeit, der Ehe oder unseres Gebetslebens. Das Unerhörte der Bergpredigt ist, dass Jesus hier nicht zwischen Gesinnung und Tat unterscheidet. Sie ist durchzogen von der Behauptung „nicht erst....,sondern schon ....", schon der Zorn, schon der lüsterne Blick, die legale Ehescheidung, die gesetzlich begrenzte Vergeltung, die Liebe, die dem Hass des Feindes noch Raum lässt – sie alle sind wider den heiligen Willen Gottes. Und nun heißt es hier am Ende: „Da entsetzte sich das Volk." – Kann man das auch von uns sagen, dass wir von der Bergpredigt, sooft wir sie hören oder lesen, im Innersten getroffen werden, dass wir das Unerhörte dieser Worte überhaupt noch hören, dass wir ergriffen werden von seiner Vollmacht und dass wir innewerden unserer Ohnmacht und Schuld? Zum rechten Hören gehört dieses Entsetzen über das Gehörte und über den, der in solcher Vollmacht redet. Denn nur der kann von sich sagen, dass er die Botschaft von Jesus Christus gehört habe, der getroffen ist von der unbedingten Forderung Gottes und der ergriffen ist von der unbedingten Gnade Gottes. Das ist die eine Seite des rechten Hörens. Die Linie, die vom Zuhören in unser Innerstes führt – zum Innewerden.

Horchen – und gehorchen

Die andere nach außen dringende Linie geht den Weg vom Hinhören über das Horchen zum Gehorchen: Hören und Tun – zwei Seiten der selben Sache. Der kluge Mann baut sein Haus auf einen Felsen, der törichte seines auf Sandboden. Der törichte Mann verbindet Hören und Wollen. Wenn etwas dazwischen kommt, seien es Wasser oder Wind, dann löst sich diese Verbindung wieder auf und das Gehörte wird weggeweht oder weggeschwemmt. Wir kennen das doch, wie unser guter Wille allein dasteht, wenn etwas dazwischen kommt. Ich erlebe es oft, dass Menschen wirklich guten Willens sagen: Es kommt eben immer etwas dazwischen – und deshalb ist die Verbindung zum Gehörten und zum internen Hören abgerissen. Aber das ist ein Trugschluss. Nicht weil eine Ablenkung oder etwas unvorhergesehen Wichtiges dazwischen gekommen ist, nennt Jesus diese Menschen töricht, sondern weil sie auf ihren guten Willen – und das heißt: auf Sand – gebaut haben. Der kluge Mann, der sein Haus auf dem Felsen baut, verbindet das Hören mit dem Tun. Wo Hören und Tun zu einer Einheit verbunden sind, sprechen wir vom Gehorsam. Ihn kann kein noch so starker Sturm zerstören.

Rechtes Hören geht den Weg vom Horchen zum Gehorchen.

Denn erst der Gehorsam, nicht die Erinnerung, macht das gestern Gehörte zur heute für mich gegenwärtigen Wirklichkeit. Und umgekehrt: Der Gehorsam lebt unaufhörlich vom Hören. Diese Wechselbeziehung macht den gehorsamen Menschen so stark, dass ihm keine Strömung etwas anhaben kann. Wer sein Haus auf Felsen baut, baut allerdings teurer. Es kostet ihm mehr persönliche Opfer, mehr Zeit und Kraft und auch einfach mehr Geld. Ich weiß nicht, wie man ohne diesen Aufwand ein gehorsamer Jünger Jesu sein kann.

Aber Zeit, Arbeitskraft und Geld sind bei uns meist eher Sturm und Wasserströme, die uns wegtreiben wollen, als dass sie Bausteine wären für das Haus auf Felsengrund – für den Gehorsam gegenüber Gott.

Hören – und gehören

Wer sein Haus auf Felsen baut, baut für die Zukunft. Wenn Eltern ihre Kinder zum Gehorsam anhalten, dann tun sie das nicht, um zu demonstrieren, wer hier groß und wer hier klein ist, sondern sie tun es, um für die Zukunft ihrer Kinder zu bauen. Auch Jesus Christus meint unsere Zukunft, wenn er am Ende der Bergpredigt noch einmal unseren Gehorsam gegenüber dem Willen Gottes fordert. Wir wissen, dass die Zukunft Krisen bringen wird, deshalb versuchen wir täglich die Unsicherheiten der kommenden Tage und Jahre schon jetzt zu entschärfen.

Wissen wir auch, dass die zukünftigen Krisen Gerichte Gottes sein werden, in denen es um weit mehr geht, als dass wir äußerlich ungeschoren davon kommen? Man kann Krisen nur durchstehen, wenn man sich einübt im Gehorsam. Das lehren uns die großen Frauen und Männer der Kirchengeschichte, die in schwersten Zeiten an Gott festhielten – auch als alle um sie herum umgefallen waren.

Wir haben vom rechten Hören gesprochen. Vom Hören, das ein Innewerden ist, und vom Hören, das zum Gehorchen wird. Es ist wichtig, dass wir den großen Bogen, den wir gespannt haben, durch das Wort „Hören" zusammenhalten, damit aus dem Innewerden nicht ein „Fühlen" und aus dem Gehorchen nicht ein „Machen" wird. Um das zu verstehen, müssen wir zum Schluss noch eine dritte, ganz andere Linie vom Hören aus ziehen. Es ist die Linie zu dem Wort „Gehören". Wir können Jesus Christus heute nur recht hören, nicht allein, wenn wir uns über seine Rede entsetzen und wenn wir seinen Worten gehorchen, sondern vor allem, weil wir ihm gehören. Im Johannes Evangelium stehen die Worte Jesu: „Ohne mich könnt ihr nichts tun." Das ist eine Warnung, aber es ist eben zugleich auch ein großer Trost – weil wir ihm gehören. Mit ihm können wir alles:

Er weckt mich alle Morgen.

Er weckt mir das Ohr, dass ich höre wie ein Jünger.

Der Herr hat mir das Ohr geöffnet und ich bin nicht ungehorsam und gehe nicht zurück.

JESU LACHEN

NDR, 1. April 1987

Im Fürstentum Moldau gab der Priester bei der kirchlichen Trauung dem Brautpaar dreimal Brot mit Honig zu kosten. Dies galt als Zeichen der Liebe und der immerwährenden Gemeinschaft. Eigentlich eine feierliche Zeremonie. Aber als Zeichen der Freude und um Verwandten und Freunden Gelegenheit zum Lachen zu geben, sah die Trauordnung vor, dass der Priester das Brautpaar dreimal vergeblich nach dem Bissen Brot schnappen ließ. Humor in der Kirche. So übermütig können wir ihn uns in Norddeutschland kaum vorstellen. Und doch darf er auch bei uns nicht fehlen, denn er gehört zum Glauben.

Hat eigentlich Jesus gelacht? In der Bibel wird darüber nichts berichtet. Aber natürlich hat er gelacht! Bei der Hochzeit zu Kana zum Beispiel und immer, wenn es fröhlich zuging. Wichtiger ist die Frage: Was hielt Jesus vom Lachen? Zählte bei ihm, wie bei vielen Christen bis heute, das Lachen zu den menschlichen Schwächen – oder aber zu den schönsten Fähigkeiten, die den Menschen vor den anderen Kreaturen auszeichnet? Bei Gott wird gelacht, das hat Jesus verheißen. Wie sollte ihm dann das Lachen der Menschen nicht lieb und wert gewesen sein?

Humor ist, wenn man trotzdem lacht. Trotzdem, obwohl mir vielleicht gerade nicht zum Lachen ist. Trotzdem, obwohl ich gemeint bin. Trotzdem, obwohl es in der Welt so wenig zu lachen gibt. *Humor gibt's, wenn man trotzdem liebt.* Mich selbst zum Beispiel, obwohl ich mich manchmal gar nicht ausstehen kann. Und die vielen Menschen, die gar nicht liebenswert erscheinen. Vor allem aber Gott, der es uns oft so schwer macht, an ihn zu glauben. *Humor gibt's, wo man die Welt trotzdem liebt, weil sie von Gott geliebt und gehalten wird.*

In Russland, so hörte ich, ist heute der „Welthumortag". Nun, auch der Humor braucht Weltniveau! Wenn Sie also heute in den April geschickt werden, dann wird damit zugleich Ihr Humor geprüft. Ihre Gutmütigkeit und Vertrauensseligkeit wird benutzt, um Sie aufs Glatteis zu führen. Und wenn Sie dann ausrutschen? Ich wünsche Ihnen, dass Sie von Herzen lachen können und damit beweisen, dass Ihr Humor Weltniveau hat!

II.
„VERTRAUT DEN NEUEN WEGEN"
– WO GOTT UNS FORDERT

DIE ASYLANTEN
Kieler Nachrichten, 16. August 1986

Die Asylanten sind ein Problem geworden. Tausende strömen in unser Land. Es sind Verfolgte, die bei uns Schutz zum Überleben suchen. Und es sind Arme, die sich hier ein besseres Leben erhoffen. Unsere Ratlosigkeit wird von der DDR in zynischer Weise für eine unmoralische Politik ausgenutzt. Ahnungslose Menschen aus fremden Kulturen werden durch jene Mauer geschleust, die Deutsche von Deutschen trennen soll. Die nun entstandenen Probleme möchte ich nicht herunterspielen. Wir dürfen aber vor lauter Problemen die Orientierung unseres Denkens und Handelns nicht verlieren.

Das Asylrecht gehört zu den ältesten Menschenrechten. Seine Wurzeln liegen tief, sie liegen in der Religion. In der Antike stand der Asylant unter Gottes Schutz, solange er die schützende Rechtsordnung des fremden Landes nicht für sich in Anspruch nehmen konnte. Zum Zeichen dafür klammerte sich der Flüchtling an das Heiligtum. Gottes Recht aber ist unverletzlich. Asyl ist ein griechisches Wort und bedeutet „unverletzlich". Es entspricht dem polynesischen Wort „Tabu", das letztlich die gleiche Bedeutung hat. Es gibt auch heute noch Asyle oder Tabus, die ein Volk auf die Dauer nicht ungestraft verletzen darf. Dazu zähle ich den Schutz des ungeborenen Menschenlebens wie den Schutz der Verfolgten und Flüchtlinge. In einer Wohlstandsgesellschaft schaffen solche „unverletzlichen" Rechte fast unvermeidlich große Probleme. Sie werden gern politisch und wissenschaftlich zerredet. Aber ohne Opfer werden sie nicht gelöst. Macher befürchtet, der Asylantenstrom könnte uns am Ende zum Verhängnis, zu einem Fluch werden. Ich bin überzeugt davon, dass auf der Wahrung des Asylrechts Segen liegt. In der Bibel stehen die schönen Worte: „Gastfrei zu sein, vergesst nicht, denn dadurch haben einige ohne ihr Wissen Engel beherbergt."

SCHÜTZENSWERTES LEBEN
Markt, 19. März 1989

L ebensunwertes Leben ist wieder im Gespräch. Von Hexenprozessen gegen Frauen, die abgetrieben haben, sprechen die einen. Die völlige Freigabe der Abtreibung fordern die anderen. Wer aber an Gott glaubt, der weiß, was auf dem Spiel steht, und nimmt den Konflikt zwischen dem Leben der Frau und dem werdenden Leben sehr ernst. Gott, der Liebhaber des Lebens, verurteilt darum die Sicherheit jener Frommen, die nur ihre Grundsätze lieb haben und die Not vieler Frauen gering achten. Und Gott, der den Menschen geschaffen hat als Frau und als Mann – der verurteilt den tiefliegenden Hochmut der Männer, die als Liebhaber ihrer Lust Frauen im Stich lassen und Verantwortung von sich weisen. Aber Gott, der den Frauen das Leben anvertraut hat, der verurteilt auch das unverantwortliche Reden

jener Politikerinnen, die als Liebhaber ihrer Selbstverwirkli-
chung werdendes Leben missachten.

So wendet sich Gott an das Herz der bedrängten Frauen selbst
und spricht: „Ich verstehe dich in deiner Angst und in deinem
Zorn. Ich verstehe auch, dass du dieses neue Leben nicht willst,
wenn du über die Folgen nachdenkst, die es für dich haben wird.
Trotzdem trägst du mit diesem neuen Leben, so unvollkommen
es sein mag, ein Stück vom Himmel im Leib. Ein Stück von mir,
dem Schöpfer alles Lebens. Tu ihm keine Gewalt an, auch wenn
du jetzt von vielen Seiten bedrängt wirst oder gar selbst Gewalt
leiden musstest. Ich, der barmherzige Gott, bin dein Anwalt. Ich
stehe auf deiner Seite – wie immer du dich entscheidest.

Ich bin aber auch auf der Seite dieses schutzlosen Lebens in
dir. Wenn du das Kind wachsen lässt in dir, dann wirst du selbst
auch wachsen. Wenn du diesem ungeborenen Kind Gewalt an-
tust, gibst du das Unrecht weiter, das man dir antut. Aus dem
Gefängnis der Angst und Verzweiflung werden Gleichgültigkeit
und Verharmlosung dich nicht herausführen. Es gibt aber einen
Ausweg und er hat einen Namen: Barmherzigkeit."

IN GUTE HÄNDE

Kieler Nachrichten, 17. August 1988

Auf dem Flughafen in Frankfurt sind im vergangenen Monat über 350 Kinder im Alter von 7 bis 15 Jahren ohne Begleitung angekommen. Es sind Mädchen und Jungen aus dem Iran. Ihre Eltern wollten sie wegen des Krieges in Sicherheit bringen. Viele der Kinder sind einfach ins Flugzeug gesetzt worden in der Hoffnung, dass sie in gute Hände kommen, die sie schützen und ihnen weiterhelfen. Verzweifelte Eltern, Muslime, hoffen auf gute Hände bei uns – auf Christenhände. Das darf uns nicht kalt lassen.

Ich selbst wurde als Achtjähriger in einer verzweifelten Situation durchs Fenster eines überfüllten Flüchtlingszuges geschoben, einfach auf den Schoß der Reisenden. Als meine Mutter nicht wusste, ob sie selbst noch mitkommen würde, hoffte sie doch für mich auf gute Hände. Es waren verwundete Soldaten, die sich um mich kümmerten, und sie teilten mit mir ihren kleinen Vorrat.

Das berühmte Gleichnis Jesu vom Barmherzigen Samariter ist die Antwort auf die Frage: Wer ist mein Nächster? Jesus aber kehrt diese Frage um: Wem bin ich der Nächste? Dem, der auf gute Hände hofft, der auf mich hofft. Während wir noch darüber diskutieren, wie viel uns zugemutet werden kann, sind sie schon da: die Kinder aus dem Iran, die Aussiedler, die Asylanten und viele andere, die ihre Hoffnung auf uns setzen. Das darf uns nicht kalt lassen. Gott mutet uns nicht zu viel zu, wenn er diese Menschen in unsere guten Hände legt. Ihre Hoffnung bestimmt das Maß des Zumutbaren.

TOLERANZ

NDR, 4. Februar 1995

Zu den vielen Erinnerungsdaten des Jahres 1945 gehört auch die Gründung der Vereinten Nationen. Ein hoffnungsvoller Neuanfang nach einer unerträglichen Zeit der Intoleranz. 50 Jahre danach haben nun die Vereinten Nationen 1995 zum „Jahr der Toleranz" erklärt. Toleranz sei die wesentliche Grundlage für den Weltfrieden, heißt es in der Begründung. Und die erneut wachsende Intoleranz sei eine der größten Herausforderungen, vor denen wir am Vorabend des 21. Jahrhunderts stehen.

Toleranz – ein gutes Motto für dieses Jahr, wenn das Wort nicht schon fast abgenutzt wäre. In unserer Zeit der postmodernen Beliebigkeit hat doch Toleranz ein Gefälle zur Gleichgültigkeit bekommen. Und nun der Teufelskreis: Die Gleichgültigkeit hat ein Gefälle zur Intoleranz. Die weitreichende Bedeutung und das Gewicht des Wortes Toleranz wird kaum mehr wahrgenommen. Es kommt aus dem Lateinischen und heißt „Ertragen". Toleranz nimmt es also nicht leicht. Sie zeigt sich gerade nicht gleichgültig. Wahre Toleranz verharmlost nichts, sondern trägt mit an der Last, die das Zusammenleben schwer macht, und schüttelt sie nicht ab.

41

Der originelle Hofprediger im Wien des 17. Jahrhunderts, *Abraham a Santa Clara* hat darum in einer Traupredigt gesagt: „Die Eheleut' müssen gute Zähne haben. Denn sie müssen gar oft etwas verbeißen. Die Eheleut' müssen einen guten Rücken haben. Denn sie müssen gar viel ertragen. Die Eheleut' müssen einen guten Magen haben. Denn sie müssen manch harten Brocken schlucken. Die Eheleut' müssen gute Füße haben. Denn es drückt sie der Schuh gar vielfältig." Mit einem Wort: Toleranz ist die wichtigste Aussteuer, die Eheleute mitbringen müssen.

Was hier von der Ehe gesagt wird, gilt auch für unser ganzes Volk. Wir leben zusammen mit Menschen anderer Herkunft, anderer Religionen, anderer politischer Überzeugung. Die Bibel begründet die Toleranz nicht mit dem Recht – über dessen Tragweite dann doch wieder gestritten wird – sondern mit der Liebe.

„IHR SEID TEUER ERKAUFT, DARUM PREISET GOTT MIT EUREM LEIBE!"

St. Nikolai, Kiel, 8. Sonntag nach Trinitatis, 1. August 1982

Der menschliche Leib – Tempel des Heiligen Geistes

„Wisst ihr nicht, dass Unzüchtige und Ehebrecher, Lustknaben und Knabenschänder das Reich Gottes nicht erben werden?"
(1. Kor.6,9)

Nun, ich weiß es nicht. Und ich glaube es auch nicht. Wenn ich an die Geschichte von Jesus und der Ehebrecherin denke, kann ich das nicht glauben.

„Wisst ihr nicht, dass euer Leib ein Tempel des Heiligen Geistes ist?" – Ich glaube das, aber ich vergesse es immer wieder. Mein Leib – ein Tempel, ein Haus Gottes. Mein Leib mit seinen Muskeln, in denen Kraft steckt. Mein Gaumen, der mich schmecken und genießen lässt. Meine Haut, die Außenwand meines Ich und Berührungsfläche zum Du. Meine Haut, die sich nach Zärtlichkeit sehnt. Meine Hände und Füße, meine Augen und Ohren,

– mein Leib, ob er gesund ist oder behindert
– mein Leib, ob er mich plagt oder erfreut
– mein Leib, nicht ein Gefängnis der Seele, sondern Wohnung des Geistes Gottes. – Ich glaube das, aber ich vergesse es immer wieder.

Der Leib des Menschen ist etwas Besonderes. Es gibt einen neuen Wissenschaftszweig: die Soziobiologie. Sie sucht nach einer darwinistischen Erklärung für die Evolution des menschlichen Sozialverhaltens. Selbst die Nächstenliebe wird zweckrational begründet. Nur eines passt nicht in die Gesetze der Evolution: das Schamgefühl. Es fördert nicht, sondern hindert die Fortpflanzungsfähigkeit. Wie paradox: Ein Lebewesen verbirgt seine wichtigsten Organe und pflanzt sich nur in aller Heimlichkeit fort.

„Eines der auffallendsten Merkmale des Menschen, das Schamgefühl, das sich besonders deutlich im Bereich des Geschlechtlichen regt, ist biologisch gar nicht zu erklären, sondern es macht das Verhalten des Menschen aus dem Gesichtswinkel der natürlichen Zweckmäßigkeit zum Rätsel." (Der Biologe Prof. J. Illies, 1982) Vielleicht ein kleiner Hinweis darauf, dass Gott nicht in einem gedachten, neutralen Leib wohnt, sondern in meinem Leib als Mann und in deinem Leib als Frau. Unsere Sexualität ist nicht zuerst der Ort der Versuchungen und dann der süßen oder zwielichtigen oder grausamen Sünden. Unsere Sexualität ist zuallererst Wohnung Gottes. Geht das? Stimmt das?

Paulus argumentiert nicht ausgehend von den Rätseln, die uns die Biologen zum Raten und Vermuten hinterlassen. Paulus argumentiert wunderbar vom Dreieinigen Gott her: Leib bin ich – ein Mann, von Gott, dem Schöpfer, gewollt, geschaffen und bewahrt. Leib bin ich – ein Mann: von Jesus Christus erlöst. Paulus schreibt: „Ihr seid teuer erkauft!" Wo Sexualität mehr ist als dumpfer Fortpflanzungstrieb, gibt es keine Unschuld, bei keinem von uns. Aber es gibt die Befreiung von der bedrückenden, die Sexualität pervertierenden Last der Schuld. Darum: von Jesus Christus erlöst. Und dann drittens: Leib bin ich – ein Mann: Der Geist des Vaters und des Sohnes, der Heilige Geist wohnt in mir. Christlicher Glaube zielt auf den Leib. Er ist nicht Durchgangsstation auf dem Wege einer Evolution. Er ist nicht Gefängnis einer Seele. Er ist Tempel des Heiligen Geistes, gewürdigt der Auferstehung. Von daher hatte es seinen guten Sinn, dass im alten Text des Glaubensbekenntnisses nicht von der Auferstehung der Toten, sondern von der Auferstehung des Leibes gesprochen wurde.

Paulus ist missverstanden worden

„Ihr seid teuer erkauft, darum preiset Gott mit eurem Leibe!"

1. Kor 6,20

In einem Damenstift, so um die Jahrhundertwende. Einige ältere Damen stickten auf ihre Sofakissen: „Teuer erkauft". Vielleicht von einer Predigt berührt, war ihnen das so wichtig geworden: Wir sind Gott alles wert. Durch das Kreuz Jesu Christi hat er uns gezeigt: Wir sind teuer erkauft. Und das darf nicht als billige Gnade in unserem Leben verschleudert werden. Es kam Herrenbesuch zu den Damen, irgendwelche Verwalter, Direktoren oder Stifter. Sie lasen, was in einigen Zimmern auf den Sofakissen stand und waren empört. „Teuer erkauft" – bezog sich das etwa auf das Geld, das einst von den Vätern der Damen für das Stift einbezahlt worden war? In jedem Fall, sie waren empört. Und das Gerücht von den undankbaren, materialistischen Damen ging um. Sie waren gründlich missverstanden worden, hoffentlich ohne weitere Folgen.

Auch der Apostel Paulus ist gründlich missverstanden worden – mit verheerenden Folgen. Seine Worte gegen Unzucht, Ehebruch und Homosexualität sind aus dem Zusammenhang gerissen worden und haben eine Leibfeindlichkeit der Kirche mit verursacht, die bis heute nachwirkt. Unzählig viele Menschen gibt es, die als Christen mit ihrer Sexualität nicht fertig werden. Unzählig viele sind durch die un-biblisch enge Sexualmoral der Kirche in die Verzweiflung getrieben worden. In der Psychologie gibt es für diese Schuld der Kirche einen eigenen Ausdruck: Ekklesiogene Neurose. Menschen werden seelisch und körperlich krank, weil sie zur Kirche gehören und weil sie im Glauben kein angemessenes Verhältnis zu ihrem Leib finden können. Wir haben in den vergangenen Jahren viel dazugelernt. Und wir wissen auch, dass die strengen Ordnungen früher oftmals wirklich dem Schutz der Frau dienten. Aber die Kirche war unbarmherzig mit denen, die – aus welchen Gründen auch immer – diese Ordnungen übertreten hatten. (z.B. Agende für evangelisch-lutherische Kirchen und Gemeinden von 1951: „Ob Mütter unehelicher Kinder die Segnung gewährt werden kann, bestimmt die Gliedkirche. Die Segnung der Mutter eines unehelichen Kindes soll in der Regel nicht im öffentlichen Gottesdienst, sondern als ein Akt der Seelsorge in der Stille geschehen.")

Natürlich weiß ich: Die rechte Zuordnung von Mann und Frau wird nicht nur bedroht durch mangelnde Natürlichkeit, durch Komplexe und unterdrückte Sexualität, sondern ebenso durch Gier und Hörigkeit, durch Verantwortungslosigkeit und mangelnde Treue. Natürlich weiß ich: Es gibt nicht nur eine unchristliche Verachtung, sondern auch eine unchristliche Verselbständigung des Geschlechtstriebes. Und dennoch meine ich, die Kirche habe hier viel gut zu machen. Unsere erste Aufgabe ist darum, vom Evangelium her, Gewissen zu entlasten, nicht zu belasten.

„Wisst ihr nicht, dass euer Leib ein Tempel des Heiligen Geistes ist?"

– Wir glauben das, aber wir vergessen es immer wieder. Nicht nur die Predigt erinnert daran, sondern auch das Heilige Abendmahl: „Christi Leib, für dich gegeben". Der Leib Christi schenkt uns Vergebung – er schenkt uns das Ja Gottes zu unserem Leib: „Ihr seid teuer erkauft, darum preiset Gott mit eurem Leibe!"

III.
Ich sehe dich mit Freuden an
– Weihnachten

DIE WEIHNACHTSKRIPPE: DER ESEL

Kieler Nachrichten, 27. November 1982

Zu einer schönen Weihnachtskrippe gehören Maria und Josef und das Christkind, die Hirten und die Könige. Aber auch Randfiguren, die in der biblischen Weihnachtsgeschichte nicht erwähnt werden, sollten nicht fehlen. Dazu gehört der Esel. Er hat es mir angetan. Mit ihm möchte ich Advent feiern. Dabei denke ich nicht nur an den Esel im Stall von Betlehem oder an den Esel, der Maria mit dem Kind auf der Flucht nach Ägypten trägt, sondern auch an den Esel, auf dem Jesus in Jerusalem einreitet. Ein solcher Esel möchte ich werden. Nicht einer, der sich einen Haufen Weihnachtsgeschenke auflädt oder der termingerecht Pakete zur Post schleppt, vielmehr einer, der Jesus Christus in unsere Stadt hineinträgt. Und wenn andere mich darum abschätzig für einen Esel halten, dann bin ich's halt.

Bin ich nicht einer, der oft seiner Arbeit nur widerwillig nachgeht, einer, der seine Beine halsstarrig gegen den anderen in den Boden stemmt, statt auf ihn zuzugehen, einer, der leeres Stroh drischt? Trotzdem kann Gott uns gebrauchen. Wo immer wir andere Menschen und ihre Lasten tragen, da tragen wir Jesus. In der Adventszeit warten viele darauf, dass wir ihre Sorgen und Probleme mittragen.

Und wenn wir selbst überlastet und müde sind? – Eine Fabel erzählt: „,Ach', sagte der Esel, ,es ist zum Stehenbleiben. Die

Welt wird schwerer mit jedem Tag. Seit ich meinen Rücken hingehalten habe, bin ich bepackt, dass mir die Beine zusammensacken wollen und mein Gesicht immer dümmer dreinschaut.' ‚Vergiss nicht', sagte der Weg, ‚ich trage dich, deine Pakete und deinen Trübsinn dazu – wenn du mich nur zum Tragen kommen lässt.' ‚Ich Esel', sagte der Esel und trabte los. Und siehe, es stimmte."

DIE WEIHNACHTSKRIPPE: DER HERBERGSWIRT

Kieler Nachrichten, 4. Dezember 1982

M it Kindern eine Weihnachtskrippe aufzubauen, macht viel Freude. Die Jüngsten kennen noch keine feste Platzordnung. Josef steht dann unversehens weit hinten neben einem knienden Hirten. Manchmal scharen sich alle Tiere dicht um das Christkind, so dass selbst Maria wie ausgeschlossen dasteht. Hauptsache, jede Figur ist auf das Kind in der Krippe ausgerichtet. Die größeren Geschwister achten auf strenge Ordnung. Die wissen, wo jeder hingehört, und alles soll so bleiben, wie es ihnen aus den vergangenen Jahren vertraut geworden ist.

Eine befreundete Familie besitzt eine selten große Krippe. Zu ihr gehört auch der Herbergswirt. Aber jedes Jahr gibt es Streit, wo dieser Herbergswirt seinen Platz finden soll. Die Kinder sind ihm böse, weil er Maria und Josef nicht in sein Haus aufgenommen hat. Soll er am besten ganz wegbleiben?

Vielleicht will er selbst gar nicht dazugehören. Ist er ein Außenseiter oder gar eine Negativ-Figur? Nicht nur Kinder kommen mit dem Herbergswirt in Verlegenheit. Dabei passt dieser Mann gut in unsere Zeit. So viele Menschen halten Distanz zu dem, was Weihnachten für den Glauben an Gott bedeutet – und sie möchten doch dabei sein! Sie verschicken Weihnachtskarten, kaufen Geschenke und lassen sich beschenken. Sie freuen sich auf die Christvesper am Heiligen Abend und das eine oder andere Weihnachtslied kommt wieder über ihre Lippen. Sicher, da ist auch Verlegenheit. Aber das gehört zu Weihnachten, dem einladendsten unter den christlichen Festen: Unter dem weit ausladenden Dach des Stalles von Betlehem finden alle einen Platz.

Unsere Weihnachtskrippen kennen keine festen Plätze. Die einen knien, andere stehen. Einige schauen von weitem, andere suchen die Nähe. Und keiner soll wegbleiben, alle sind eingeladen: Solange wir fasziniert auf das Kind schauen, kommt niemand auf die Idee, die größere Nähe oder Ferne zur Krippe nachzumessen.

DIE WEIHNACHTSKRIPPE: DER KRIPPENSCHNITZER

Kieler Nachrichten, 11. Dezember 1982

Erst im Gefängnis hatte er sein Talent zum Krippenschnitzen entdeckt. Dann aber schuf er unermüdlich und in liebevoller Kleinarbeit eine Krippe nach der anderen. Ich habe ihn in seiner Zelle besucht und zugeschaut, wie er an dieser Krippe schnitzte. Die Weihnachtsgeschichte ist hier in seine Heimat, den Schwarzwald versetzt. Dort war er geboren, dort war das Furchtbare geschehen, das ihn zu einem „Lebenslänglichen" gemacht hatte.

„Wenn ich hier wieder herauskomme", sagte er, „werde ich Pfarrer." Und dann schilderte er temperamentvoll, was er alles ganz anders machen werde. Nicht so weltfremd von Gott reden, wie die meisten Pfarrer. Dafür in einfacher, aber deutlicher Sprache vor Neid und Geldgier warnen. Man konnte fast an Johannes den Täufer denken und dessen aufrüttelnde Bußpredigten, so engagierte er sich. Und dabei vergaß er für einen Augenblick das Schnitzen.

Als er nach Jahren begnadigt wurde, kam alles ganz anders. Er hatte es schwer, sich zurechtzufinden. Seine Vorsätze versickerten wie Wasser im Sand. Nur seine Krippen waren eindrückliche Predigten geblieben: Maria und Josef und das Kind im Stall. Nicht weltfremd kam Gott zu uns Menschen. Beim Kind in der Krippe fing alles an. So will Gott geglaubt werden, so will er Neid und Geldgier verdrängen, so hat er die Welt geliebt. Alles ist ganz anders geworden.

DIE WEIHNACHTSKRIPPE: WEIHNACHTSPERSPEKTIVE

Kieler Nachrichten, 18. Dezember 1982

Manchmal muss man auf die Knie gehen, um eine Krippe unter dem Christbaum bewundern zu können. Und immer sehen wir dann die christliche Ur-Familie, Maria und Josef mit dem Kind Jesus. Von unten betrachten wir die Schönheit der Weihnachtsdarstellung. Von unten auch nehmen wir die Tiefe des Weihnachtsgeschehens wahr.

Warum knien Maria und Josef, die Hirten und die Könige? Weil das Kind in der Krippe klein ist und weil Gott so groß ist. Nur beides zusammen macht Weihnachten aus. Wir wissen von diesem Zusammenhang durch die Weihnachtsgeschichte der Bibel, die sich uns nicht zuletzt durch die vielen kleinen und großen Krippen tief eingeprägt hat.

Beim Betrachten des Glaubens darf es freilich nicht bleiben. Der Weihnachtsglaube will vielfältig vorgelebt sein. Eindrücklich war mir, was ein französischer Gelehrter in seinen Lebenserinnerungen davon erzählt: „Mein Vater, der stets müde war von der schweren Transportarbeit, kniete nach dem Abendessen zum Gebet nieder. Ich dachte: ‚Mein Vater, der so stark ist, dass er das ganze Haus kommandiert, der so unbeugsam ist gegenüber Schicksalsschlägen und so furchtlos vor dem Bürgermeister, der macht sich ganz klein vor Gott. Gott muss ein ganz Großer sein, weil mein Vater sich niederkniet. Aber auch sehr

vertraut, weil er im Arbeitsanzug mit ihm spricht.' Die beten-
den Hände meines Vaters haben mich mehr über Gott gelehrt
als der ganze Katechismus. Diese Erinnerung an meine Familie
hat mich ein Leben lang nicht verlassen und mich vor vielem
Bösen bewahrt."

ES IST GUT, DASS ES WEIHNACHTEN GIBT!

Christvesper 1989, St. Nikolai, Kiel

Weihnachten – das Fest, das alle Grenzen überwindet

E*inen guten Abend euch allen in diesem Haus! Eine frohe Botschaft geht
in alle Welt hinaus! Wir singen euch vom Licht, das hell heut bei uns
scheint: Gott kam zu uns, weil er es gut mit uns meint. Wir wünschen euch,
wir wünschen euch, wir wünschen euch gesegnete Weihnachtszeit!*
Mit diesem Weihnachtslied aus Rumänien grüße ich Sie an
diesem besonderen Heiligen Abend. Die Ereignisse der letzten
Tage und Wochen haben uns überwältigt, ja überrollt. Für das,
was im Osten unseres Landes und im Osten Europas aufgebro-
chen ist, hat zwar jeder sein eigenes Deutungsmuster, aber uns
allen fehlen doch die angemessenen Worte, um dieses komplexe Geschehen, um dieses Wunder zur Sprache zu bringen. Die
gegen besseres Wissen zunehmend verharmloste Tyrannei hat
doch ein Ende gefunden. In Deutschland wundersam unblutig,
in Rumänien unter unsagbaren Opfern. Menschen aus Ost und

West, die zusammengehören, dürfen zusammenkommen.

Wie gut, dass es Weihnachten gibt – dieses Fest, das unser Denken, unser Nachdenken und unsere Freude bündelt! Von Weihnachten her, von dem Bündel Liebe, das in der Krippe Betlehems liegt, wollen wir aufbrechen, um die große Verantwortung wahrzunehmen, die uns mit dem geschichtlichen Umbruch zugetraut und zugemutet wird.

Wie gut, dass es Weihnachten gibt, das besinnliche Fest, das uns alle verbindet! Die Gottesfürchtigen, die jeden Tag ihres Lebens dankbar aus der Hand des Schöpfers empfangen, die ihre Sorgen und ihr Leid dem unbegreiflichen Herrn über Leben und Tod klagen, die sich in Schuld und Versagen letztlich vor Gott verantwortlich wissen. Und die vielen, die Gott nicht fürchten und lieben, die im Alltag leben, als ob es Gott nicht gäbe. Weihnachten feiern wir, weil Gott es gut mit uns meint. Weil Gott zu uns kommt – zu uns allen!

Weihnachten im Zeichen der Freiheit

Wie oft schon wurde versucht, Weihnachten mal raffiniert, mal komisch kaputt zu machen. „Jahresendeflügelpuppen" ist in der DDR die offizielle Bezeichnung für Weihnachtsengel. Aber weder der theoretische Materialismus drüben, noch der praktische Materialismus bei uns kann den Glanz von Weihnachten zerstören. Weihnachten ist wie der Edelstein, den man in den

Schmutz werfen oder vergraben kann, den man in unedles Metall fassen oder verstauben lassen kann. Er bleibt ein Edelstein, dessen Glanz nicht verloren geht. „Wir singen euch vom Licht, das hell heut bei uns scheint: Gott kam zu uns, weil er es gut mit uns meint!"

Wie gut, dass es Weihnachten gibt. Das rauschende Fest, das schon so oft verallgemeinernde oder lieblose Vorurteile widerlegt hat. Ein Liedermacher aus der DDR widersprach dieser Tage zu Recht dem üblen Gerücht, die Menschen in Dresden, Leipzig und anderswo suchten nur Wohlstand. In seinem Lied heißt es: „In der DDR muss niemand hungern, aber es hilft nichts, den Mund voller Brot und Wurst zu haben, wenn man vor dem Mund einen Maulkorb tragen muss." Wer es gut meint mit seinen Kindern, wer es gut meint mit seinen Mitarbeitern, wer es gut meint mit seinen Mitbürgern, der will ihre Freiheit und traut ihnen Freiheit zu. Weihnachten 1989 steht im Zeichen der Freiheit: Gott kam zu uns, weil er es gut mit uns meint.

Das Volk ist gemeint. „Wir sind das Volk" lautet die Parole des Jahres. „Das Volk, das im Finstern wandelt, sieht ein großes Licht, und über denen, die wohnen im finstern Lande scheint es hell." Wenn ich die riesige Menschenmenge sehe, die sich auf den Plätzen versammelt zur Revolution oder zum Jubeln – dann wird mir auch bange. Aber mein Angst legt sich, wenn ich die einzelnen Menschen sehe, nicht die Masse, und wenn ich glauben kann: Gott meint es gut mit dir. Es ist gut, dass es dich gibt.

Nicht nur das Volk ist gemeint, jeder von uns ist gemeint: Es ist gut, dass es dich gibt!

Wenn ein Kind geboren wird, dann leuchtet es auf, dass es gut ist, als Mensch da zu sein. Und später, wenn mir einer sagt: „Ich habe dich gern" – da spüre ich: Ja, es ist gut, dass ich da bin, gut dass es mich gibt. Aber es gibt eben auch andere Erfahrungen. In der Bibel wird von Hiob erzählt, der gesagt hat: „Ausgelöscht sei der Tag, an dem ich geboren bin." Aber in diese Welt hinein, in der es so viel Angst und Leid, so viel Qual gibt, dass Menschen sagen, ich wollte, ich wäre nie geboren worden, in diese Welt hinein wurde Jesus Christus geboren. Ein Mensch und doch: In ihm ist Gott zu uns gekommen. Gott selbst hält es für gut, ein Mensch zu sein. Dazu bekennen sich Christen. Und sie sagen einander: Gott meint es gut mit dir.

Auch im Versagen gilt: Es ist gut, dass es dich gibt.

Auch im Leid gilt: Es ist gut, dass du da bist.

Auch im Tod gilt: Es ist gut, dass du gelebt hast.

Wir denken heute Abend daran, dass viele Menschen ihr Leben lassen mussten in Krieg und Tyrannei. Wir denken an Rumänien. Es ist gut, dass es Weihnachten gibt!

„Einen guten Abend euch allen in diesem Haus! Eine frohe Botschaft geht in alle Welt hinaus! Wir singen euch vom Licht, das hell heut bei uns scheint: Gott kam zu uns, weil er es gut mit uns meint. Wir wünschen euch, wir wünschen euch, wir wünschen euch gesegnete Weihnachtszeit!"

IV.

„Es geht durch uns're Hände,
kommt aber her von Gott."
– Leben im Überfluss

HUNGER NACH LEBEN

Predigt zum Sonntag Laetare, 1977, St. Nikolai-Kirche, Kiel

Christus spricht: Wer an mich glaubt, der hat das ewige Leben. Ich bin das Brot des Lebens. Eure Väter haben das Manna gegessen in der Wüste und sind gestorben. Dies ist das Brot, das vom Himmel kommt, auf dass, wer davon isst, nicht sterbe. Ich bin das lebendige Brot, vom Himmel gekommen. Wer von diesem Brot essen wird, der wird leben in Ewigkeit. Und das Brot, das ich geben werde, das ist mein Fleisch, welches ich geben werde für das Leben der Welt.
Da stritten die Juden untereinander und sprachen: Wie kann dieser uns sein Fleisch zu essen geben? Jesus sprach zu ihnen: Wahrlich, wahrlich, ich sage euch: Werdet ihr nicht essen das Fleisch des Menschensohnes und trinken sein Blut, so habt ihr kein Leben in euch. Wer mein Fleisch isset und trinket mein Blut, der hat das ewige Leben und ich werde ihn am Jüngsten Tage auferwecken. Denn mein Fleisch ist die rechte Speise und mein Blut ist der rechte Trank. Wer mein Fleisch isset und trinket mein Blut, der bleibt in mir und ich in ihm. Wie mich gesandt hat der lebendige Vater und ich lebe um des Vaters willen, so wird auch, wer mich isset, leben um meinetwillen. – Joh.6, 47-57

Das Mahl der leeren Hände

Aus Lateinamerika wird uns von einer außergewöhnlichen Abendmahlsfeier berichtet. Christen und Nichtchristen liegen als politische Gefangene in einem unmenschlichen

Gefängnis. Sie wissen nicht, was ihnen bevorsteht. Sie wissen nicht, ob sie lebend herauskommen werden. Einige Christen entschließen sich, das Abendmahl zu feiern, obwohl jede Versammlung, die nicht der gewöhnlichen Unterhaltung dient, hart bestraft wird. Einer der Männer ergreift die Initiative und sagt: „Wir haben kein Brot und auch kein Wasser, das wir an Stelle des Weins nehmen können, aber wir werden so tun, als wären Brot und Wein vorhanden – wie damals als Kinder, wenn wir Kochen und Essen spielten." In dem Bericht steht dann: „Auf einem Feldbett saß ein Gefangener und beobachtete die Wache, um uns gegebenenfalls sofort zu warnen. Nun begann ich: ‚Das Brot, das wir heute nicht haben, ist der Leib Jesu Christi, den er für die Menschheit gab. Dass wir keines haben, ist auch ein Zeichen für den Mangel an Brot, nach dem so viele Menschen hungern. Der Wein, den wir heute nicht haben, ist sein Blut, gegenwärtig im Licht unseres Glaubens. Christus hat es für uns vergossen, um uns auf einem langen Weg zur Gerechtigkeit und in die Freiheit zu führen. Das Blut Christi ist auch ein Zeichen für unseren Traum von einer geeinten Menschheit und einer gerechten Gesellschaft.' Dann hielt ich meine leere Hand dem Mann an meiner rechten Seite entgegen und legte sie über seine offenen Hand und in gleicher Weise mit allen anderen: ‚Nimm hin und iss, das ist mein Leib, der für euch gegeben ist. Das tut zu meinem Gedächtnis.' Danach führten wir alle unsere Hände zum Mund und empfingen den Leib des Herrn. Ein Abendmahl mit leeren Händen! Aber nie zuvor haben wir so deutlich gefühlt, wie die Macht der Ewigkeit in unser Leben einbricht. Ein nichtchristlicher Gefangener hatte uns beobachtet. Er sagte zu uns: „Heute *habe ich entdeckt, was Glaube ist." ‚Zwei Männer raustreten und Essen holen!', rief ein Soldat durch das Gitter. An diesem Tag gab es Fleisch zum Essen – auch das war ein wirkliches Ereignis. Die Spannung, in der wir lebten, gab jedem kleinsten Zeichen eine große Bedeutung."*

Dieser Bericht aus Lateinamerika erscheint mir fast wie das Werk eines Dichters, der auf seine Weise versucht, den heutigen Predigttext in unsere Zeit und Welt hinein auszulegen. Aber das ist keine Dichtung, es ist ein Tatsachenbericht. Der Abschnitt aus dem Johannes-Evangelium handelt vom Abendmahl, nicht vom Abendmahl der prall gefüllten Hände. Es klingt zwar sehr massiv: Fleisch essen und Blut trinken. Für den einen ist das ungeistlich und anstößig, für den anderen die geistliche Speise – die irdisch-überirdische Nahrung für dieses und das zukünftige Leben. Wenn aber hier von Fleisch und Blut die Rede ist, dann ist nicht gemeint, dass wir mit unseren Händen gierig nach den Elementen des Abendmahls greifen, nach Brot und Wein, und uns an das Wunder einer Verwandlung klammern, sondern, dass wir bei Brot und Wein – ob nun in Wirklichkeit oder gespielt – unsere Herzen und Sinne ausrichten auf Jesus Christus, in dem Gott Mensch geworden ist.

„Das Wort ward Fleisch und wohnte unter uns", so steht es am Anfang des Johannes-Evangeliums. Gott ist Mensch geworden. Nicht die grandiose Idee vom Menschen, nicht die religiöse Verzierung des Humanismus, nicht der gigantische Homo Faber, der Maschinen konstruieren und Atome spalten kann, sondern der Mensch, von dem im Alten Testament gesagt wird: „Alles Fleisch ist wie Gras."

Die Menschwerdung Gottes zielt auf das Kreuz. Ohnmächtig, ohne Menschenrechte, der Gewalt und der Ungerechtigkeit ausgeliefert, hat Jesus Christus das Kreuz getragen. Und das ist das Fleisch, das die Gefangenen in Lateinamerika als Abendmahlsgabe hungrig verzehrten. Nicht einmal einen Bissen Brot hatten sie. Aber Gottes Gerechtigkeit spürten sie und wurden sich ihrer Menschenwürde gewiss. Gottes Kraft erfuhren sie und sie wurden ihres Lebens froh. Und wenn es an jenem Tage, als sie das Abendmahl der leeren Hände feierten, zum Mittagessen Fleisch gab, so war das wie einst das Manna in der Wüste, ein beglückendes Zeichen der Güte Gottes – Nahrung zum Überleben, nicht Speise zum ewigen Leben. Jesus Christus spricht: „Wer glaubt, hat das ewige Leben!" Einer, der im Gefängnis zuschaute, konnte nur staunen über solchen Glauben.

Das Mahl der gebundenen Hände

Bei uns in Deutschland geht der Brotverbrauch ständig zurück. Dafür ist die Zahl der Brotsorten, die uns angeboten werden, auf über 100 gestiegen. Nicht der Hunger, sondern die zu hohe Kalorienzahl unseres täglichen Brotes ist für die meisten von uns das Problem. Viele sagen mit Recht: Es geht uns zu gut, wir sollten den Gürtel wieder einmal enger schnallen müssen. Viele meinen sogar, erst dann würden wieder mehr Leute zum Glauben finden. Ist das Evangelium zum Brot des Lebens nur für diejenigen bestimmt, die buchstäblich mit leeren Händen dastehen? Ich fürchte, dann wäre es eine Ideologie der Zukurzgekommenen. Gewiss, wir leben in einer Überflussgesellschaft, die uns ablenkt vom Glauben, zur Oberflächlichkeit verführt und die Begierde nach immer mehr anstachelt. Ich sehe kaum leere Hände. Aber überall, wo ich hinschaue, sehe ich gebundene Hände.

Wir sind unfähig, unseren Mitmenschen die Hand entgegenzustrecken, um uns zu versöhnen. Wir sind unfähig, unsere Hand auszustrecken, damit andere Hilfe finden. Wir sind unfähig, unsere Nächsten bei der Hand zu nehmen, um ihnen zu zeigen: Wir gehören zusammen und bleiben zusammen. Wir sind mit uns selbst beschäftigt und starren auf unsere gebundenen Hände. Der Spielraum unseres Lebens kommt uns darum auch so schrecklich klein vor. Wie Fesseln schleppen wir unsere Schwächen und Fehlentscheidungen durchs Leben und die Strukturen unseres Zusammenlebens sind für uns zu einem Labyrinth geworden.

Jesu Hände

Kaum leere Hände, überall gebundene Hände. Und doch ist ein Hunger da – ein Hunger nach Leben. Mehr Lebensqualität, so drücken wir es heute aus. Vordergründig bedeutet „mehr Lebensqualität" Komfort, Luxus und Sicherheit. Aber dahinter verbirgt sich ein Verlangen, das kein Selbstbedienungsladen und kein Wohlfahrtsstaat erfüllen kann.

Die Bibel spricht vom „ewigen Leben", von einem Leben, dessen Qualität darin besteht, dass es immer in der Nähe Gottes gelebt wird und darum selbst durch den Tod nicht zerstört werden kann. Wer den Menschen unserer Tage etwas Gutes tun will, der muss ihnen das „ewige Leben" anbieten. Und in diesem Sinne ist das Abendmahl ein Modell für „mehr Lebensqualität".

Wir feiern das Abendmahl der gebundenen Hände. Auch uns wird das Kreuz nicht abgenommen. Aber im Abendmahl streckt uns Jesus Christus seine Hand entgegen. Er versöhnt uns mit Gott. Er hilft uns, unsere Last zu tragen. Er zeigt uns, dass wir zu ihm gehören und er bei uns bleibt. Im Abendmahl wird unser Leben durch sein Leben genährt.

Der Frankfurter Pfarrer und Dichter Lothar Zenetti schreibt:

Einer, der sich verschenkte,
Der gab, was er hatte,
Der Brot wurde und Wein.
Ein Stück Brot, ein Schluck Wein
Für alle, die hungern und dürsten

Nach Brot
Nach Liebe
Nach Gerechtigkeit.
Seht, welch ein Mensch!

Der sich nehmen ließ
Brechen, kauen, aufzehren
Stück um Stück
Tag um Tag
Schlucken, schlürfen
Ausnutzen, austrinken
Bis zum letzten Tropfen seines Blutes,
Bis alles vollbracht war.

Ja, dieser war Gottes Sohn.

RAUM FÜR DANKBARKEIT

Gemeindebrief St. Nikolai, Erntedank 1999

Z um Wohl", sagte ich, und dann stießen wir miteinander
an – mein Enkel mit seinem Milchfläschchen und ich mit
meinem Glas Bier. So feierten wir das Erntedankfest und waren
glücklich. Inzwischen ist Johannes zwei Jahre älter geworden und
geht schon in den Kindergarten. Wenn wir in diesem Jahr zum

Erntedankfest einander zugeprostet haben werden, dann werde ich ihm das Märchen von „Hans im Glück" erzählen: Mit einem Klumpen Gold fing es an. Den hatte Hans von seinem Meister zum Lohn bekommen. Auf dem Weg nach Haus wurde Hans das Gold jedoch zu schwer. Er tauschte es ein gegen ein Pferd. Dem folgten nacheinander eine Kuh, ein Schwein, eine Gans und schließlich ein Mühlstein. Zuletzt, als ihm der Mühlstein in den Brunnen gefallen war, ging er „mit leichtem Herzen und frei von aller Last hinweg, bis er daheim bei seiner Mutter war."

Was uns das Märchen sagen will, muss nicht erklärt werden. Es ist so einfältig wie einleuchtend. Wenn wir Erwachsenen es uns jedoch in der Gegenrichtung erzählen, dann ist nichts Einfältiges, sondern etwas Belastendes an ihm. Mit Steine-schleppen haben viele von uns vor einem halben Jahrhundert angefangen. Schritt für Schritt haben wir Wertvolleres dagegen eingetauscht und hinzu gewonnen. Bis wir in Händen hielten, was unser Fleiß verdient hat: Schön anzuschauen wie Gold, aber schwer und kalt: den Wohlstand.

Am Erntedankfest lassen wir uns daran erinnern, dass unser Wohlstand nicht schwer und kalt sein muss, wenn wir ihn als Ge-schenk Gottes annehmen. Gier, Neid und Unzufriedenheit haben dann keinen Platz mehr. Der Raum ist frei für fröhliches Genie-ßen, für Dankbarkeit – und für glückbringende Großzügigkeit.

SEID ALLEZEIT FRÖHLICH

Deutschlandfunk, 22. Juni 1988

Ermahnungen erinnern uns an die Kindheit, an Elternhaus und Schule. Ermahnungen erinnern mich auch an die Bibel. In ihr finde ich manchmal zehn und mehr kurze Mahnworte aneinandergereiht. „Haltet Frieden untereinander." „Weist die Unordentlichen zurecht." „Tröstet die Kleinmütigen." „Tragt die Schwachen." Wer kann schon so viel auf einmal hören und in sich aufnehmen? Mir fallen da Erfahrungen auf dem Bahnhof kurz vor der Abfahrt ein. Ich schaue aus dem offenen Fenster meines Zugabteils hinaus zu den Verwandten, die zum Verabschieden auf dem Bahnsteig stehen. Die Zugtüren knallen zu – gleich fährt der Zug ab. Und nun prasselt es nur so von Ermahnungen: „Ruf' gleich an!" „Denk an die Geldüberweisung!" „Pass gut auf dich auf!" „Vergiss Großmutters Geburtstag nicht!" Es geht alles so schnell, ich höre zwar und höre doch nicht zu. Langsam setzt sich der Zug in Bewegung. Abschiedsstimmung: Gut gemeinte Ermahnungen gehören dazu, aber sie rauschen vorbei.

Die biblischen Ermahnungen sind freilich nicht in eine Abschiedsstimmung hineingerufen. Keine Abfahrt, sondern eine Ankunft wird erwartet. Die Christen damals rechneten fest mit einer nahen Wiederkunft Jesu Christi. Nicht die knappe Zeit bei einer Abfahrt, sondern die knappe Zeit vor einer Ankunft bestimmte ihr Grundgefühl. Die Zeit drängt! Und was muss nicht noch alles getan werden. Auch in unserem persönlichen Leben wie im Bereich der Politik gibt es das plötzliche Erschrecken: Die Zeit drängt. In unserem persönlichen Leben ist es vielleicht ein ärztlicher Befund, der mir schlagartig bewusst macht: meine Zeit ist begrenzt. Die großen Fragen der Gegenwart wie Friedenssicherung, Umweltschutz, Weltwirtschaftsordnung – auch sie tragen allesamt den Stempel: Die Zeit drängt. Wer sich Gott verantwortlich weiß, der wird die Frage nicht los, was das Gebot der Stunde sei.

Die Zeit drängt. Aber da ist ein Unterschied, ob mir vor einer langen Reise kurzatmig und bedrängend zehn Ermahnungen zugemutet werden, oder ob in bedrängender Zeit mir zehnmal Mut gemacht wird zum langen Atem. Darum greife ich jetzt noch mal aus der Fülle der biblischen Ermahnungen ein paar heraus: „Betet, ohne nachzulassen, seid dankbar für alles, seid allezeit fröhlich." Wo die Zeit drängt, ist bei uns meist Unruhe und Hektik und Aktivismus. Hier aber heißt es: Nimm dir Zeit zum Fröhlichsein und zum Danken – nimm dir Zeit zum Beten. Und das nicht dann und wann, sondern total, allezeit, für alles, ohne nachzulassen.

Beten, Danken und Fröhlichsein ist wie Atmen. Wie ich die Luft um mich einatme, so lebe ich von Gott her als dem Grund, der mein Leben umgibt und trägt. Und wenn ich bete, dann drücke ich damit doch zugleich aus, dass mein Leben nicht in meiner Verfügung steht. Es ist ein Geschenk, für das ich nur immer neu danken kann. Im Dank fließt das, was ich empfangen habe, gleichsam wieder an Gott zurück. In der Freude fließt es über zu meinen Mitmenschen. Beten, Danken und Fröhlichsein ist für Christen der lange Atem in bedrängender Zeit.

SEID DANKBAR!

Kieler Express, 21. April 1990

K ein Wort hat uns so geholfen, unseren wirtschaftlichen Wohlstand in den letzten Jahrzehnten aufzubauen und zu sichern wie das Wort Anspruch. Und kein Wort trägt gegenwärtig so viel dazu bei, unser Zusammenleben zu vergiften und die Gegensätze in der Welt immer größer zu machen – wie eben dieses Wort: Anspruch. Denn wir meinen damit immer unseren Anspruch, nie den der anderen.

Das hat uns nach oben gebracht, das wird uns auch wieder nach unten bringen. Einige haben begriffen, dass man mit dem Wort Anspruch zwar Häuser und Konten bauen kann, aber nicht Zufriedenheit und Frieden erreichen. Sie fordern den Ausstieg aus der Anspruchsgesellschaft, ja, sie meinen, man müsse uns eben zwingen, anspruchslos zu werden.

Der wirkliche Weg aus der Anspruchsgesellschaft ist freilich ein anderer. Wer sich Freiheit vom Anspruch wünscht, soll nicht aussteigen in die Anspruchslosigkeit, sondern umsteigen in die

Dankbarkeit. Dankbar zu werden, führt weiter: Wir bemerken, dass wir ständig Gottes Güte in Anspruch nehmen. So und nicht durch Zwang will Gott uns auf unsere Mitmenschen *ansprechen*. Und indem wir *verantwortlich* denken und handeln, *antworten* wir ihm.

V.
„WO BIST DU SONNE BLIEBEN"
– DIE SUCHE NACH GOTT IN LEID UND TOD

VERSÖHNUNG

NDR, 1. Februar 1995

In der Kieler St. Nikolai-Kirche hängt ein großes, kunsthistorisch wertvolles Triumphkreuz aus dem 15. Jahrhundert. Trotz der fast vollständigen Zerstörung des gotischen Kirchengebäudes vor über 50 Jahren ist es wunderbar erhalten geblieben. Heute prägt es den Innenraum der neu erbauten Kirche. Viele Menschen stehen täglich unter diesem Kreuz. Sie blicken auf das versöhnende Antlitz Christi.

Wenige Meter davon entfernt hängt an der Wand ein ganz kleines Kreuz. Es ist aus Nägeln geformt, und stammt aus der englischen Stadt Coventry. Im Zweiten Weltkrieg wurde Coventry von deutschen Bomberverbänden zerstört. Die prachtvolle Kathedrale brannte bis auf den Turm und die Außenmauern vollständig aus. Als die Geistlichen der Kathedrale am Morgen nach dem Bombenangriff in den Trümmern standen, sahen sie aus den halb verkohlten Balken alte, handgeschmiedete Nägel herausragen. Reverend Wale hatte plötzlich die Idee, aus drei dieser Nägel ein Kreuz zu formen. Und alle, die dies sahen, waren sich einig, dass dieses Nagelkreuz nicht nur ein Zeichen der Trauer und ihres großen Leides sein sollte, sondern vor allem ein Zeichen der Versöhnung.

Aus zwei Balkenresten wurde rasch ein Kreuz zusammengebunden und auf die Kuppe eines Trümmerhaufens gesetzt. Ein paar Tage später ließ der Provost der Kathedrale an die Wand hinter dem Kreuz die Worte „Father Forgive" – Vater vergib – einmeißeln. Er tat dies, obwohl viele in der Bevölkerung ihn nicht verstehen konnten und Einspruch erhoben. Mich bewegt es immer wieder, dass mitten im Zweiten Weltkrieg, in der Zeit der furchtbaren Feindschaft die Geistlichen von Coventry die Hand zur Versöhnung ausgestreckt haben. Nach dem Krieg erhielten viele von den alliierten Kampfverbänden zerstörte Kirchen ein Nagelkreuz aus Coventry. Gelebte Versöhnung – wie schwer fällt sie uns Christen, obwohl das Kreuz der Versöhnung zur Mitte unseres Glaubens gehört.

VERSÖHNUNG MIT GOTT
NDR, 7.Oktober 1992

Heute ist der höchste Feiertag der Juden: Jom Kippur, zu deutsch „Versöhnungstag". Wie ein Bußtag wird er begangen. Kein Fest wie Weihnachten, aber kaum einer schließt sich aus. Auch viele ganz weltlich lebende Juden, die dem Glauben gleichgültig gegenüberstehen, finden sich in den Synagogen ein. Sie versuchen, sich selbst zu prüfen, Schuld zu bekennen und zu bereuen. Sie suchen Versöhnung. Es ist doch die Sünde, die unser Leben bedroht und die Welt zerstört. Und es ist ein Wunder, wenn es Versöhnung gibt, wenn also wir und die ganze Welt den Folgen der Sünden nicht völlig preisgegeben bleiben. In biblischer Zeit hat man an diesem Tag die Sünden des Volkes einem Bock aufgeladen, der als Sündenbock in die Wüste geschickt wurde. Nicht, weil der Gott Israels ein Opfer nötig gehabt hätte, um vergeben zu können – nein, Gott bietet Versöhnung an, indem er wunderbarerweise die Möglichkeit gibt, die schwere Last der Sünde einem Tier aufzubürden.

Dies nun verbindet den Jom Kippur der Juden mit dem Karfreitag der Christen. Gott bietet durch den Kreuzestod Christi allen Menschen die Versöhnung an. Die christliche Deutung des Kreuzes hat ihre Voraussetzung in dem, was Juden an Jom Kippur bedenken und feiern. Freilich glauben wir, dass Gott eine neue Situation geschaffen hat durch den Juden Jesus. Dieser hat durch sein Leben und Sterben Gottes Macht und Liebe aus der Transzendenz ins Diesseits, aus der Zukunft in die Gegenwart geholt. Juden und Christen dürfen sich aber nicht streiten! Gemeinsam können sie unserer schuldbeladenen Welt anbieten, was sie am Jom Kippur oder am Karfreitag in Erinnerung bringen: Lasst euch versöhnen mit Gott! Ich gerate nicht ins Schwärmen. Ich weiß sehr wohl, was hier an unfassbarer Schuld bereut, an Unglaublichem geglaubt werden muss.

Der KZ-Aufseher Josef Schwammberger stand Anfang dieses Jahres vor Gericht unter anderem, weil er 1942 den Rabbiner Fraenkel erschossen hat. Dieser fromme Jude hatte sich geweigert, Gottes Gebot zu übertreten, er hatte sich geweigert, am Jom Kippur zu arbeiten. Dennoch, selbst diesem furchtbaren KZ-Aufseher muss doch das Angebot gelten: Die Versöhnung mit Gott.

„...DU WIRST MICH AUCH HEILEN"

NDR, 30.Januar 1995

D ie Weltgeschichte wird in Jahrhunderte eingeteilt. Und das nicht nur formal. An den „runden" Gedenkjahren nehmen wir mit Interesse Anteil. In unserer Lebensgeschichte sind Bruchteile eines Jahrhunderts, zum Beispiel 25 oder 50 Jahre besondere Jubiläen. Nun ist ja unsere persönliche Lebensgeschichte wie ein Faden im großen Teppich der Weltgeschichte eingewoben. Darum berührt viele und uns alle geht es an, was vor 50 Jahren in unserem Land geschehen ist. Es waren die letzten Monate des Zweiten Weltkriegs und damit zugleich die letzten Monate des schlimmsten Terrorregimes der deutschen Geschichte, das am 30. Januar 1933 die Macht erlangt hatte.

Heute vor 50 Jahren, genau 12 Jahre nach seiner Machtergreifung, hielt Adolf Hitler seine letzte Rundfunkansprache an das deutsche Volk. Er betonte noch einmal seinen unabänderlichen Willen, in diesem Kampf um die „Errettung unseres Volkes vor dem grauenhaftesten Schicksal aller Zeiten" vor nichts zurückzuschrecken. Die meisten Deutschen glaubten damals zwar schon lange nicht mehr an einen Sieg. Aber auf Hitler ließen sie nichts kommen. Auf ihn setzten sie – völlig irrational – ihre letzte Hoffnung. Am selben Tag, heute vor 50 Jahren, wurde das Vorzeige-Schiff der nationalsozialistischen „Kraft durch Freude"- Bewegung, die „Wilhelm Gustloff", in der Ostsee versenkt. An Bord waren 6000 Flüchtlinge aus Ostpreußen. Nur etwa 900 konnten gerettet werden.

Drei Tage vorher, am 27. Januar 1945, hatten sowjetische Truppen das Konzentrationslager Auschwitz befreit, in dem die Nationalsozialisten Millionen Juden entrechtet, gequält und ermordet hatten.

„Vor 50 Jahren" – das werden wir 1995 immer wieder zu hören bekommen. Wir werden uns erinnern oder erinnert werden an unvorstellbar großes Leid, an unbegreifliche Verstrickung in so unermesslich große Schuld – und manchmal auch an wunderbare Bewahrung. Und immer wieder die Frage nach Gott.

Einer, der damals als junger Soldat im Lazarett lag, erinnert sich: „Neben mir lag ein Fahnenjunker, der durch eine Mine beide Hände verloren hatte. Er schimpfte und fluchte: ‚Warum passiert mir das kurz vor Kriegsschluss? Dass wir den Krieg verlieren, daran haben auch die Reaktionäre von der Kirche schuld.' Ich lag daneben, auch ich von einem schrecklichen ‚Warum?' geplagt. Mein Unterkiefer war zertrümmert. Ich konnte nicht mehr sprechen. Als Christ war ich nicht weniger hart vom sinnlosen Geschehen getroffen als mein Bettnachbar. Dass ich nicht reden konnte, hat mich nun aber vor der Versuchung bewahrt, Gott und die Kirche zu verteidigen. Ich konnte nur ab und zu meine Hand auf seinen verstümmelten Arm legen. Doch leider konnte ich ihm nicht davon erzählen, wie sich allmählich das Dunkel bei mir lichtete und Vertrauen wuchs. Das Prophetenwort ging mir immer wieder durch den Sinn: ,Du, Gott, hast mich zerrissen, du wirst mich auch heilen.'"

DAS KREUZ

NDR, 31. Januar 1995

Am Ende des 20. Jahrhunderts leben wir im Zeitalter der Flüchtlinge. Weltweit sind 16 Millionen Menschen auf der Flucht. Über ein Drittel dieser Flüchtlinge sind Kinder. Sie werden die Welt von morgen mitbestimmen.

Vor 50 Jahren, am Ende des Zweiten Weltkrieges, war auch ich ein Flüchtlingskind. Von einem Augenblick zum anderen brach die Geborgenheit meiner Welt zusammen. An die Zeit der Flucht erinnere ich mich als eine Zeit der Angst. Aber ich erinnere mich auch an die Erfahrung unglaublicher Hilfsbereitschaft.

In der Kieler St. Nikolai-Kirche erinnert ein Buntglasfenster an die Flucht aus Pommern. Da zieht ein Pferd einen völlig überladenen Wagen, da trägt eine Mutter ihr in Decken gehülltes Kind und dort gräbt einer das Grab für den Großvater, der auf der Flucht verstorben ist. Szenen aus einem kilometerlangen Elendszug der Flüchtlingstrecks. Und zwischen den Bildern groß und unübersehbar das Kreuz Christi. Ist hier das Kreuz ein Zeichen der Geborgenheit bei Gott inmitten der Angst und des Leids? Erinnert es daran, dass die Kreuzigung weitergeht, die Flucht selbst also ein Stück des Kreuzes Christi war? Oder mahnt uns das Bild des Gekreuzigten zu Frieden und Versöhnung? Ich meine, alle drei Deutungen haben ihr Recht und ergänzen einander.

Aber nun 50 Jahre danach: Wieder sind Flüchtlinge unterwegs. Und ich denke besonders an die Kinder. Denn Kindheitserlebnisse prägen unser Leben. Was die Flüchtlingskinder von heute bei uns erleben, davon hängt es ab, ob sie ihr Vertrauen bewahren oder mit ihnen die Angst wächst und dann auch die Aggression. Gott hört das Gebet derer, die in ihrer Angst Schutz und Geborgenheit suchen. Und Gott segnet alle, die über die Flüchtlinge schützend die Hand halten.

SEGNEN

NDR, 2. Februar 1995

H eute vor 50 Jahren wurde von den Nationalsozialisten ein Mann hingerichtet, dessen Name zwar selten genannt wird, der aber dennoch zu den bedeutenden Märtyrern des 20. Jahrhunderts zählt: Alfred Delp. Als Soziologe, der sich intensiv mit den Problemen der Arbeiter befasst hatte und als Jesuitenpater, der auf der Grundlage seines christlichen Glaubens an der Gestaltung der Gesellschaft mitwirken wollte, gehörte er zum Kreisauer Kreis um Graf Helmut von Moltke. Weil er, wie viele andere, mit der Möglichkeit eines Zusammenbruchs Deutschlands rechnete und weil er, wie nur wenige, Pläne für einen Wiederaufbau unseres Landes ausgearbeitet hatte, wurde er wegen Hochverrats zum Tode verurteilt.

Ich erinnere heute an Alfred Delp – nicht weil er ein frommer Mann war, nicht weil er klug und charaktervoll war, sondern weil er in all dem so menschlich war. Gleich nach der Verurteilung schrieb er einen ausführlichen Brief, aus dem ich einige Sätze zitiere: „Was soll ich jetzt tun, ohne untreu zu werden? Soll ich weiter hoffen, trotz der Aussichtslosigkeit? Ist es Untreue, wenn ich davon ablasse? Soll ich mich ganz loslassen und die Abschiede vollziehen und mich ganz auf den Galgen einstellen? Ich weiß es nicht. Ich will mich auf jeden Fall nicht trösten mit einer billigen Herabminderung des irdischen Lebens. Ehrlich und gerade: Ich würde gerne noch weiterleben und gern und jetzt erst recht weiterschaffen und viele neue Worte verkünden, die ich jetzt erst entdeckt habe. Es ist anders gekommen. Gott halte mich in der Kraft, ihm und seiner Fügung gewachsen zu sein. Und so will ich zum Schluss tun, was ich so oft tat mit meinen gefesselten Händen und was ich tun werde, immer lieber und mehr, solange ich noch atmen darf: segnen. Segnen Land und Volk, segnen dieses liebe Deutsche Reich in seiner Not und inneren Qual; segnen die Kirche, dass die Quellen in ihr wieder reiner und heller fließen; segnen die Menschen, denen ich Unrecht tat; segnen alle, die mir gut waren, oft zu gut. Behüt' euch Gott!"

LEBENDIG BEI GOTT

NDR, 10. Oktober 1992

V or zwei Monaten wurde in der Nähe von Cuxhaven eine Lehrerin erschossen. Ein furchtbarer Schock für die sechsjährigen Mädchen und Jungen. Um ihnen zu helfen, in den Schulalltag zurückzukehren, hat man sich viele Gedanken gemacht. In der Zeitung las ich folgende Notiz: „Die ABC-Schützen werden von einer neuen Klassenlehrerin empfangen. Der Raum ist umgestaltet worden: An den Wänden Bilder der Kinder, in einer Ecke Decken, Kissen und Polster, damit sich jeder mal zurückziehen könne, erklärte die Schulpsychologin. Während des Unterrichts wird erst einmal die Klassentür offenstehen, damit niemand fürchten muss, es könnte jemand anklopfen und plötzlich Unfassbares tun." Aber am Schluss der Meldung heißt es dann: „Das Schulaufsichtsamt hatte den Eltern davon abgeraten, ihre Erstklässler mit zur Beerdigung ihrer ehemaligen Lehrerin zu nehmen."

Ich weiß, Kinder sieht man nur noch selten bei einer Trauerfeier. Erwachsene meinen heute oft, man dürfe den Kindern die seelische Anspannung nicht zumuten. Aber Kinder trauern auch. Und Trauer ist nicht nur Schmerz, den wir, so gut es geht, zu lindern versuchen – Trauer ist auch ein Weg des Abschiednehmens, den wir immer wieder gehen müssen. Die Beerdigung ist eine ganz wichtige Station auf diesem Weg. Wir helfen unseren Kindern nicht, wenn wir sie von der Trauer ablenken. Wenn jemand, der zu ihnen gehörte, gestorben ist, haben sie doch so viele Fragen. Ihre Phantasie kreist um Sterben und Tod. Gerade dann dürfen wir sie nicht ausschließen von dem, was wir Erwachsenen tun: Unsere Toten gemeinsam in einer Trauerfeier verabschieden.

In einem Buch zum Thema „Kinder fragen nach dem Tod" schreibt eine Mutter: „Als der alte Mann aus unserer Nachbarschaft beerdigt wurde, war mein fünfjähriger Sohn dabei. Er fragte nicht viel und er saß nicht besonders still. Am Abend sagte er zu mir: ‚Weißt du, was ich glaube? Dass, wenn man tot ist, dann ist man lebendig bei Gott.'"

Er sprach nicht davon, in den Himmel zu kommen. Er fragte auch nicht, wie, wo, warum? Aber er konnte Leben und Tod in Beziehung zu einander stellen. Dass nicht einmal der Tod uns von Gott trennen kann, das kann auch schon ein Fünfjähriger erfassen. Und mit diesem Vertrauen kann ein Fünfzehnjähriger ebenso wie ein Siebzigjähriger in Geborgenheit leben und sterben.

CHRISTEN STEHEN BEI GOTT IN SEINEN LEIDEN

St. Nikolai, Kiel, Konfirmation am Sonntag Jubilate, 1985

Die innere Not

W ie feiert man eine Konfirmation? Ein besonderes Essen und feine Getränke gehören dazu. Schön wäre auch eine kleine Tischrede vom Vater oder von den Paten. Verdauungsspaziergänge tun gut. Und wie wär's mit ein paar Spielen? Zum Ausklang am späten Abend sollte man noch einmal an den Gottesdienst heute Morgen erinnern – und an den Konfirmationsspruch.

Gute Gespräche werdet ihr hoffentlich führen – die gehören zu einem gelungenen Fest. Eure Eltern werden sich dann vielleicht an ihre eigene Konfirmation erinnern. Und wenn heute, bei eurem Fest, Großeltern mitfeiern – so lasst besonders sie zu Wort kommen. Vielleicht erzählen sie etwas aus der Zeit vor 40 Jahren am Ende des Zweiten Weltkrieges. Ein großer Teil der Eltern unserer diesjährigen Konfirmanden waren nämlich 1945 ganz kleine Kinder. Und mancher hat wie durch ein Wunder Hunger und Kälte überlebt. Eure Eltern, liebe Konfirmanden, werden den heutigen Tag auch in großer Dankbarkeit feiern: Dankbar fürs Überleben. Dankbar für euer Leben.

Damals herrschte unbeschreibliche Not. Uns dagegen geht es heute äußerlich unsagbar gut! Aber eine innere Not, die kennen auch wir: Es fehlt nicht an Brot. Es fehlt an Zuversicht. Wie saurer Regen ist die Frustration über uns gekommen und zerstört die Bäume der Hoffnung.

Ich übersehe die äußere Not nicht: Der Mangel an Ausbildungsplätzen, die verheerenden Umweltschäden, die furchtbare Aufrüstung und das nicht endende Elend in der Welt. Dennoch: Dass der unbestreitbar düstere Horizont zur Resignation geführt hat – das ist der Grund für unsere innere Not. Noch vor ein paar Jahren hieß es: Es gibt viel zu tun! Heute sagen wir: Es geht sowieso alles kaputt. Hier und heute leben, das Leben auskosten, das ist alles.

Der Schlagersänger Peter Maffay singt in einem Lied: „Mein Kind, ich weiß, du stehst vor mir an einem fernen Tag und fragst mich, warum hab ich dir das alles nicht erspart." Der Text stammt von Chris, der Frau des Sängers. Und in einem Interview erläutert Maffay: „Das Lied hat einen sehr realen Hintergrund. Wir haben eine Schwangerschaft bei Chris unterbrechen lassen, um unserem Kind diese Welt zu ersparen." Peter Maffay singt vor ausverkauften Häusern. Er hat die oberste Stufe der Karriereleiter erreicht. Ihm fehlt es an nichts – außer an einem, am Entscheidenden: An der Hoffnung für die Zukunft. Und in einem anderen Lied singt Peter Maffay: „Lieber Gott, wenn es dich gibt, zeig uns deinen Weg, eh das Böse in uns siegt, dass es noch Gutes gibt, dann glaube ich, ich schwöre, dazu stehe ich."

Die Größe des Glaubens

Wenn es dich gibt – viele denken so, bleiben auf Abstand, stellen Bedingungen, und sie kommen doch nicht los von Gott. Aber heute ist Konfirmation. Und Konfirmation heißt eigentlich: Ich stehe dazu! Wozu? Doch nicht zu einer Sache mit tausend Wenns und Abers! Wozu also? Ich stehe zu meiner Taufe, dazu, dass ich ein Christ bin, dass ich Zukunft habe. Denn: Christsein ist etwas Großes – wie klein und unvollkommen ich auch bin. Christsein ist etwas Weites – wie eng und kleinkariert mir auch die Worte und das Leben der Kirche vorkommen. Christsein ist etwas Lichtes – wie dunkel auch die Zukunft vor uns liegt.

Von der Größe des christlichen Glaubens, von seiner Weite und Tiefe spricht das Gedicht von Dietrich Bonhoeffer, das ich der ganzen Gemeinde heute wie einen Konfirmationsspruch mitgeben möchte. Eine Zumutung? Ein 14-jähriges Mädchen, eine fröhliche, aufgeschlossene Jugendliche, sagte mir, dass ihr dieses Gedicht sehr viel bedeutet. Sie kann es inzwischen auswendig. Darum wage ich es , den Konfirmanden, den Eltern und allen Gästen dies Gedicht heute anzubieten:

Menschen gehen zu Gott in ihrer Not,
flehen um Hilfe, bitten um Glück und Brot,
um Errettung aus Krankheit, Schuld und Tod.
So tun sie alle, Christen und Heiden.

Menschen gehen zu Gott in Seiner Not,
finden Ihn arm, geschmäht, ohne Obdach und Brot,
sehn Ihn verschlungen von Sünde, Schwachheit und Tod.
Christen stehen bei Gott in Seinen Leiden.
Gott geht zu allen Menschen in ihrer Not,
sättigt den Leib und die Seele mit Seinem Brot,
stirbt für Christen und Heiden den Kreuzestod,
und vergibt ihnen beiden.
(Dietrich Bonhoeffer)

Das ist die Weite des christlichen Glaubens: Er sieht nicht auf das, was uns trennt von anderen Menschen, von denen mit einer anderen Religion oder gar von Feinden – er sieht auf das, was uns verbindet. Unsere Gedanken kreisen täglich um Glück und Brot. Wir sorgen uns um unsere Gesundheit. Und dann ist da die ständige Angst vor dem Versagen, auch die Angst vor dem Sterben. Man mag es Humanum nennen oder anders, was uns verbindet, ist das gemeinsame Unterwegssein zu Gott. Und die Frage nach dem Sinn des Lebens ist kein Luxus, den man sich in Mußestunden leistet. Es gibt kein Lebensglück ohne den Sinn des Lebens. Auch die größten und schönsten Konfirmationsgeschenke wären letztlich nur schädlich, wenn sie den Sinnverlust unserer Zeit ersetzen sollten.

Christen und Heiden: Menschen gehen zu Gott in ihrer Not. Dabei ist Christen wichtig: Nicht „Gott, wenn es dich gibt", sondern: Es gibt Gott! Und er ist unterwegs zu den Menschen. Damit berühren wir die Tiefe des menschlichen Glaubens: Menschen gehen zu Gott in seiner Not. Gott leidet an der großen Schuld und mit den großen Schicksalen der Menschen. Das ist seine Not. Gottes Liebe bleibt nicht im Jenseits, sie ist unterwegs zu uns, sie leidet. Das ist das unterscheidend Christliche. Und darum muss uns dies immer wichtiger werden: Nicht „Gott, wie kannst du so viel Elend zulassen?", sondern „Christen stehen bei Gott in seinen Leiden."

Dietrich Bonhoeffer hat dieses Gedicht im Juli 1944 im Gefängnis in Berlin-Tegel geschrieben. Damals litt Gott an der furchtbaren Schuld und Not der Deutschen. Dietrich Bonhoeffer wollte dazu stehen – erkennbar bei Gott stehen. Darum ist er vor 40 Jahren im KZ Flossenbürg hingerichtet worden. Er war ein außergewöhnlicher Mann. Gefängnisbeamte suchten bei ihm Rat, Mitgefangene fanden bei ihm Trost. Einer von ihnen, ein italienischer Professor schrieb später: „Er war der beste und begabteste Mensch, den ich kennengelernt habe." Auch dem Lagerarzt von Flossenbürg fiel er auf: „Ich habe in meiner fast 50-jährigen ärztlichen Tätigkeit kaum je einen Menschen so gottergeben sterben sehen." Ein außergewöhnlicher Mann! Einer, der seine Biographie gelesen hatte, sagte mir kürzlich: „Ich wusste nicht, dass es einen solchen Menschen in unserem Jahrhundert gegeben hat."

Wir sind nicht Dietrich Bonhoeffer, wir sind auch nicht Mutter Theresa. Aber Christen sind wir. Menschen, mit denen Gott rechnet. Er will auch unsere Freude am Leben. Er rechnet auch auf unser Gespür für Gerechtigkeit und auf unsere Leidenschaft für das Gute.

Gott vergibt. Er vergibt beiden, Christen und Heiden. Darauf baut unsere Zuversicht: Gott gibt keinen auf. Und Konfirmation heißt: Dazu stehe ich.

Gott geht zu allen Menschen in ihrer Not,
sättigt den Leib und die Seele mit Seinem Brot,
stirbt für Christen und Heiden den Kreuzestod,
und vergibt ihnen beiden.

DIE UNFÄHIGKEIT ZU TRAUERN

Kieler Express, 27.Oktober

Herbst – das ist Kühle und Feuchtigkeit, fallendes Laub und dunkle Kleidung, spärliches Licht. Das legt sich auf die Stimmung. Zur Stimmung kommt die Nachdenklichkeit. Und darum liegen am Höhepunkt der Herbstzeit ziemlich dicht beieinander drei Tage der Trauer. Aus gegebenem Anlass weise ich schon Wochen vorher auf sie hin: Das ist der Volkstrauertag, der an die schreckliche Macht des Krieges erinnert und an unsere kleine Kraft, Frieden zu sichern. Da ist der Buß- und Bettag, der an die schreckliche Macht der Sünde erinnert und an unsere Ohnmacht, dem Teufelskreis der Schuld zu entrinnen. Und da ist der Totensonntag, der uns an die schreckliche Macht des Todes erinnert und an die schlimmen Folgen unserer Versuche, sie zu verdrängen.

Man kann Trauer nicht verordnen. Auch Freude kann man nicht befehlen. Man kann aber Freude und Trauer zulassen und Zeiten anbieten, in denen alle Rücksicht nehmen auf die Fröhlichen, die feiern wollen, beziehungsweise auf die Nachdenklichen, die sich auf die dunklen Bereiche unseres Lebens ansprechen lassen. Uns Deutschen ist oft die „Unfähigkeit zu trauern" vorgeworfen worden. Ich teile diesen Vorwurf nicht. Um so wichtiger aber erscheint mir die Bereitschaft, diese drei Tage der Trauer öffentlich ernst zu nehmen und privat wenigstens einen davon persönlich anzunehmen.

Die Schatten wahrnehmen, heißt zugleich, von einem Licht wissen – nicht ein Licht, das wir anzünden könnten, sondern eines, das von außen kommt. Der Volkstrauertag weist hin auf den großen Frieden Gottes, der unseren kleinen Schritten zum Frieden Sinn gibt. Der Bußtag weist hin auf Gottes Versöhnung, die größer ist als unsere Schuld. Und der Totensonntag weist hin auf die Liebe Gottes, in der wir geborgen bleiben über die Zeit unseres Lebens hinaus.

Es gibt keine gesellschaftliche Situation, in der diese herbstlichen Tage der Trauer und des Trostes überholt wären.

JESU TRÄNEN
NDR, 2. April 1987

Der Dichter Gerhart Hauptmann schrieb 1945 in sein Tagebuch: „Wer das Weinen verlernt hat, der lernt es wieder beim Untergang Dresdens." Auch die Männer haben sich damals ihrer Tränen nicht geschämt. Ihr Weinen wirkte nicht haltlos. Hilflos standen sie vor den Trümmern.

Kurz nach dem Krieg schrieb der junge Dichter Wolfgang Borchert sein bekanntes Stück „Draußen vor der Tür". Die erste Szene spielt im Hamburger Hafen, im Hintergrund die zerstörte Stadt. Ein Beerdigungsunternehmer hört jemanden weinen. „Wer bist du denn?" Ein alter Mann antwortet: „Der Gott, an den keiner mehr glaubt." „Warum weinst du?" Und Gott antwortet: „Weil ich es nicht ändern kann, sie erschießen sich, sie ersaufen sich, sie ermorden sich. Und ich, ich kann es nicht ändern!" Die Szene schließt mit den Worten: „Heul' nicht, Alter. Du heulst dich zugrunde." – Hier wirkt das Weinen peinlich und haltlos. Dieser Gott hat verspielt.

Hat Jesus geweint? Ja – in der Bibel steht, am Grabe des Lazarus und über die Stadt Jerusalem habe er geweint. Vielleicht haben manche Christen in den ersten Jahrhunderten dies als peinlich empfunden. Beim Abschreiben haben sie nämlich die Tränen Jesu einfach weggewischt. Der Sohn Gottes weint nicht. Dass Jesus zornig wurde und die Händler unsanft aus dem Tempel trieb, das haben die Abschreiber stehen lassen. Das konnten sie sich gut vorstellen.

Weinen und Zürnen ist menschlich, sagen wir. Oft allzu menschlich! Und wir denken an die Schwachheit und Anfälligkeit des Menschen. Aber Weinen und Zürnen ist auch göttlich, wenn wir es von der Liebe her verstehen. Kann einer wirklich von Herzen lieben, ohne je zu weinen, ohne je zornig zu werden? Jesu Tränen wollen wir nicht wegwischen. Wir schämen uns seiner Tränen nicht, denn sie zeigen uns etwas von der Menschlichkeit Gottes. Sie offenbaren uns seine Liebe. Jesus weinte über Jerusalem: „Wenn doch auch du an diesem Tag erkennen würdest, was zum Frieden dient! Aber nun ist's vor deinen Augen verborgen."

Können wir uns vorstellen, dass Jesus auch über uns weint, weil wir heute nicht erkennen, was dem Frieden dient? Und wieder sind es die Tränen Jesu, die uns in unserer Furcht vor der Zukunft auf Gottes Liebe hinweisen. Seiner Tränen schämen wir uns nicht.

VI.
„TOD, WO SIND NUN DEINE SCHRECKEN?"
– OSTERN

UNSER LEBEN RUHT IN GOTT

Osternacht 1986, St. Nikolai, Kiel

Ostern – der Höhepunkt der christlichen Feste

Weihnachten, Ostern, Pfingsten – das sind die drei großen Feste der Christenheit. Ihre besondere Bedeutung erkennen wir – und darin sind wir bevorzugt – auch daran, dass wir sie an zwei Tagen feiern.

Es sind Feste des Glaubens. Ihr Thema ist das, was ich als die wesentlichen Fragen jeder Religion ansehe:

Der Gegensatz: Gott und Welt

Der Gegensatz: Leben und Tod

Der Gegensatz: Idee und Wirklichkeit

Christen feiern Weihnachten, weil Gott in die Welt gekommen ist. „Welt ging verloren, Christ ist geboren, freue dich, o Christenheit!" Christen feiern an Ostern, dass der Tod kein Argument ist gegen Gott. Man stirbt nicht weg von Gott, man stirbt in Gott hinein, so unbegreiflich das ist und bleibt. „Jesus lebt, mit ihm auch ich – Tod, wo sind nun deine Schrecken?" Christen feiern Pfingsten, weil Gott nicht nur der letzte Grund unseres Lebens und das ferne Ziel aller Geschichte ist, sondern sich hier und heute wirklich und wirksam erweist. Paulus schreibt: „Die Liebe Gottes ist ausgegossen in eure Herzen durch den Heiligen Geist." Ostern nun ist die Mitte und der Höhepunkt der drei großen Feste.

Jeder kann natürlich die Osterfeiertage gestalten, wie er es möchte: Mit einer schönen Wanderung etwa oder einem guten Essen. Er kann auch an Demonstrationen teilnehmen, sei es gegen Wackersdorf oder SDI. Die Kirche aber *feiert* Ostern. Sie feiert die Auferstehung Jesu Christi. Wenn nun die Evangelische Kirche zum Osterfest zu aktuellen politischen Problemen ausgewogenen Rat gibt, dann kann das zu Missverständnissen führen: Ist dies ihre Osterbotschaft?

Das Osterevangelium aber ist kein guter Rat, sondern ein gewaltiges Glaubensbekenntnis. Die Schwestern des Casteller Rings, einem kleinen evangelischen Orden, haben ihr bescheidenes, aber nicht unwirksames Zusammenleben in einen großen österlichen Zusammenhang gestellt. Über dem Eingang zur Kapelle steht: „Seid ohne Furcht, wenn eines Tages die Kraft der Atome den kreisenden Erdball zersprengen sollte, dann wird ihre Kraft doch nichts sein gegen jene Gewalt , die den Stein vom Grabe wälzte. Alles Grauen währt nur bis zum dritten Tag, und jede Vernichtung ist eingeschlossen in seine und unsere Auferstehung."

Das feiern wir am Osterfest!

Und dann: Über 350 Tage im Jahr sind Zeit, von der Auferstehung Christi her den Aufstand des eigenen Herzens zu proben – gegen alles Todbringende in meiner Nähe und in der Ferne.

Die Ruhe der Toten ist nicht das Letzte

Zu den drei großen Festen der Christenheit gehören biblische Geschichten. Sie erzählen uns, was wir feiern. Geschichten haben es an sich, dass man in ihnen immer wieder neue Entdeckungen machen kann. Auch im Osterevangelium, das wir vorhin gehört haben, entdeckte ich in diesem Jahr etwas neues, einen weiteren Gegensatz: den Gegensatz von Eile und Ruhe. Mit der Versiegelung des Grabsteines war für die Behörden der Fall des Unruhestifters aus Galiläa erledigt, es kehrte Ruhe ein. Der tote Jesus ruhte in seinem Grab. Unsere Toten werden zur letzten Ruhe ausgesegnet. Und doch ist die Ruhe der Toten nicht das Letzte.

Grabkammern sind Orte verborgener Geheimnisse. Wir sind in die Pyramiden gestiegen und haben die Ruhe der Pharaonen gestört. Manchmal frage ich mich, ob wir das nicht allzu selbstverständlich und eilfertig taten. Und wie oft ist die Ruhe der Toten gestört worden, um auch noch die letzte Spur von ihnen zu zerstören. John Wyclif – vor 600 Jahren hat er die Bibel ins Englische übersetzt – war ein kirchenkritischer Theologe. Über 30 Jahre nach seinem Tod hat man die Gebeine des Ketzers ausgegraben und verbrannt. Aber 170 Abschriften seiner Bibelübersetzung sind trotz aller Verbote und Hausdurchsuchungen erhalten geblieben.

Die Ruhe unserer Toten ist nicht das Letzte. Und das nicht unserer Neugier wegen. Jesus Christus ist es, der nicht zur Ruhe kommen lässt. Der Stein von seinem Grab war weggewälzt, so erzählt es die Geschichte. Ein Engel war es. Und als sei das die leichteste Sache der Welt, setzt sich der Engel auf den Stein und verkündet: Er lebt.

Und nun kommt Leben in den Friedhof, alles gerät in Bewegung, freudige Eile breitet sich aus.

Ostern ist wie eine Aufforderung zum Tanz: Die Lichter gehen an, die Musik spielt. Nicht die Aufforderung zum Totentanz. Gott fordert auf. Er will, dass wir uns des Lebens freuen. Der Tod ist demaskiert, er hat gar nicht die Macht, uns aus den Armen Gottes zu reißen, der Tod ist entlarvt.

Der griechische Schriftsteller Mikos Kazantzakis erzählt in seiner Autobiographie, wie er als Junge eine Larve vom Stamm eines Ölbaums nahm. Er sah, wie sich unter der durchsichtigen Haut etwas Lebendiges rührte. Er hatte keine Geduld und beschleunigte mit seinem warmen Atem den Prozess der Entlarvung. Er wollte selbst den Schmetterling zum Leben bringen. Er schreibt: „Und ich, mit der Impertinenz des Menschen darüber gebeugt, hauchte meinen warmen Atem über sie, doch die halbfertigen Flügel waren nun steif geworden. Mit meiner Eile hatte ich den Schmetterling getötet. Ja, der Mensch hastet, Gott hastet nicht. Meine Augen füllten sich mit Tränen." Nicht eilig genug können wir entlarven: todbringende Krankheiten oder auch todbringende politische Strukturen. Zum Leben entlarven aber, das kann nur Gott. Ostern ist die Entlarvung zum Leben!

Die Osterbotschaft eilt

Der Engel in der Ostergeschichte fordert die Frauen zur Eile auf. „'Geht eilend hin und sagt den Jüngern, dass er auferstanden ist von den Toten.' Und sie gingen eilends weg vom Grab." Anders als die Frauen des Osterevangeliums haben wir die „Ruhe weg", wenn es darum geht, unseren Glauben weiterzusagen.

Nach dem ersten Weltkrieg sammelte sich eine Gruppe von Männern, die sich zur Aufgabe gemacht hatten, die Bibel auch in kaum bekannte Sprachen zu übersetzen. Sie nennen sich die Wyclif-Brüder. Einer von ihnen ging nach Guatemala zu einem Indianerstamm. Der Häuptling begrüßte ihn mit den Worten: „Warum seid ihr nicht eher gekommen? Wir haben gehört, dass ihr diese Geschichten in anderen Orten erzählt habt und wir haben uns gefragt, was wir getan haben, dass Gott euch nicht auch zu uns schickt." Nähmaschinen gab es schon bei den Indianern. Die Osterbotschaft nicht.

Wir hasten dem technischen Fortschritt nach und fürchten dabei doch um unsere Souveränität. Gott hastet nicht. Im Glauben sind wir souverän. Darum eilt die Osterbotschaft: Unser Leben ruht in Gott – hier und jenseits der Todesgrenze. Denn Christus ist auferstanden.

DER BLICK HINTER DIE KULISSEN

St. Nikolai, Kiel, Osternacht 1988

Ein Zufall oder ein Wunder

E ine katholische Familie in einem Bergdorf in Südtirol. Wie jedes Jahr nimmt sie teil an der Feier der Karwoche und des Osterfestes. In diesem Jahr sind ein paar junge Leute aus der Großstadt ihre Feriengäste. Die offene Frömmigkeit der Familie ist für sie nur Folklore. Für die jungen Leute ist nicht Karfreitag, es sind Skiferien. Der Karsamstag ist ein strahlender, kalter Tag. Einer der Feriengäste fährt Ski, als sich eine Lawine löst und donnernd direkt an ihm vorbei ins Tal rast. Um Haaresbreite hätte sie ihn mitgerissen. Oben stehen die anderen, kreidebleich. „Schwein gehabt", sagt einer in die Totenstille. Der Tiroler Gastgeber hat einen anderen Vorschlag, als er von dem glücklichen Vorfall hört: „Da können Sie eine Kerze anzünden unten in der Kirche."

Zwei Deutungen eines Ereignisses: Ein Zufall, Schwein gehabt eben. Oder ein Wunder, für das Gott gedankt wird.

Ganz ähnlich ist es in der Ostergeschichte. Die Frauen schauen in ein leeres Grab. Hat etwa jemand den Leichnam Jesu gestohlen? Oder hat Gott ein Zeichen gesetzt und Christus ist auferstanden? Ostern will geglaubt sein, so wie die schützende Hand Gottes bei einem Lawinenunglück. Und nicht nur die:

Was ist nicht alles mehrdeutig in unserem Leben! Wer sein Leben von Ostern her glaubt, sieht mehr und sieht weiter, über den Horizont hinaus, hinter die Kulissen. Davon hören wir in der Epistel zur Osternacht im Brief an die Kolosser im 3. Kapitel:

Seid ihr nun mit Christo auferstanden, so suchet, was droben ist, da Christus ist, sitzend zu der Rechten Gottes. Trachtet nach dem, was droben ist, nicht nach dem, was auf Erden ist. Denn ihr seid gestorben, und euer Leben ist verborgen mit Christo in Gott. Wenn aber Christus, euer Leben, sich offenbaren wird, dann werdet ihr auch offenbar werden mit ihm in der Herrlichkeit.

Offenbarung – wie sehr wollen wir sie in unserem Alltag. „Hinterher sind wir immer klüger", sagen wir. Aber wie gern wüssten wir im voraus, wie es ausgeht: Ungewohnte Erfahrungen, die sich ankündigen, neue Aufgaben, die sich uns stellen – sie sind oft reizvoll, wecken aber auch ängstliche Fragen: „Wie wird's ausgehen?" Wir wissen es nicht und darum zögern wir. Oft fehlt uns der Mut. Dann halten wir uns lieber an Gewohntes und – wie wir meinen – Bewährtes. Und dann machen wir auch die andere Erfahrung: die verpasste Gelegenheit. Enttäuscht bleiben wir zurück. Wesentliches ist an uns vorübergegangen. Gewohntes und Bewährtes hat mit einem Mal seinen Glanz verloren. Das Leben wird zum Trott, es ist nicht lebendig. Es hat keine Perspektive. Hinterher sind wir immer klüger!

Heute aber, am Osterfest, dürfen wir alle einen Blick werfen ins „Hinterher". Heute feiern wir das gute Ende, das alle Erwartungen übertrifft, das niemand für möglich gehalten hätte. Heute, an Ostern, wird im Buch des Lebens das letzte Kapitel aufgeschlagen – auch wenn die anderen Kapitel noch längst nicht alle geschrieben sind, ja, auch wenn die vergangenen Kapitel verworren und undurchsichtig hinter uns, auch wenn die folgenden vielleicht ganz düster vor uns liegen. Heute wird die letzte Seite im Buch des Lebens aufgeschlagen, selbst dann, wenn wir den roten Faden, der sich durch das Ganze zieht, noch nicht gefunden haben. Gott legt uns heute seine schönste Seite vor, die er uns in Jesus Christus zugedacht hat.

„Unser Leben ist mit Christus verborgen in Gott." Und wenn alles unklar bleibt, wenn wir nicht wissen, wie es weitergeht, wenn wir Angst haben vor dem nächsten Schritt, dennoch – heute wird uns offenbar, was verborgen ist: Christus ist auferstanden und wir mit ihm!

Gottes Gelegenheit

Aber blättern wir noch einmal zurück zum Jetzt, zum heutigen Kapitel. Es ist noch nicht fertig geschrieben. In dem, was jetzt für jeden von uns kommt, liegt *Gottes Gelegenheit*. So vieles ist mehrdeutig in unserem Leben. Mach' es eindeutig durch die Dankbarkeit, mach' es eindeutig durch deine Hingabe, mach' es eindeutig auch durch deinen Verzicht. So vieles ist festgelegt in unserem Leben, vieles ist festgefahren. Selbst junge Menschen sehen oft keinen Spielraum mehr. Die Gleise ihrer Lebensbahn seien gelegt, meinen sie, durch Herkunft, die Gesellschaft, durch die Politik. Aber Gott ist es, der das Ziel setzt! Die Wege zu *diesem* Ziel stehen alle offen!

Und wenn wir wirklich nicht weiter wissen, weil wir uns in Schuld verstrickt haben oder weil es dunkel für uns geworden ist oder weil wir im Blick auf unsere gemeinsame Zukunft einfach Angst haben – dann dürfen wir vorausblättern, dahin, wo geschrieben steht: Ihr seid mit Christus auferweckt! Ich kenne den Einwand. Der Blick hinter die Kulissen sei eine schlimme Täuschung. Wer über seinen Horizont hinausschaue, der nehme nicht wahr, was vor Augen liegt: das Mögliche, das Machbare, das Realistische. Religion darf nicht mehr sein wollen, als *ein* Angebot von Werten für ein harmonisches Diesseits.

Aber Sterben und Tod sind allemal ein Prüfstein. Ein Pastor berichtet, wie er Eltern helfen wollte, deren Kind bei einem Autounfall ums Leben gekommen war. Was wurde da nicht alles gesagt und getan, um die Eltern zu trösten – alles Menschenmögliche. Aber nur ein Satz erreichte sie, der Satz, der den Horizont aufriss: „Da, wo euer Kind jetzt ist, bei Gott, da gibt es kein Leid und auch kein Auto, dort ist er in Sicherheit."

Ostern ist das Fest des Lebens mit seinen tausend Chancen, die, ob wir sie ergreifen oder verpassen, an dem einen Ziel nichts ändern können, das Gott gesetzt hat: Unser Leben ist mit Christus verborgen in Gott. Prüfstein ist auch hier Sterben und Tod.

Lasst uns Ostern feiern, das Fest der Auferstehung. Wir dürfen einen Blick ins Hinterher tun und werden mitgenommen von dem, der längst dahintergekommen ist. Und es gilt heute schon für uns: Hinterher sind wir immer klüger.

VII.
„UND DARUM IST DIE NEUE KIRCHE GROS,...!"
– GOTT ZUR SPRACHE BRINGEN

EINER SCHIFFFAHRT GLEICH

NDR, 3. Februar 1995

V on der Arche Noahs wird berichtet, dass sie nur ein Fenster hatte, „obenan, eine Elle groß". Das kleine Fenster nach oben hat wohl kaum das Dunkel in dem großen Kasten erhellt, der scheinbar ohne Sinn und Ziel in der Sintflut hin- und hergeworfen wurde. Aber er hat die Richtung gewiesen, in die allein Noah und die Seinen denken und hoffen konnten.

Genau dazu, so meine ich, gibt es die Kirche: dass sie immer wieder an das Fenster nach oben erinnert. Mir scheint dies ein hilfreiches Bild zu sein für uns, die wir unseren Weg so unsicher und besorgt durch viel Dunkel gehen müssen, scheinbar ohne Sinn und Ziel. Wo aber die Wellen der Zerstörung über ein Lebensschiff hereinbrechen, da wird der Glaube an Gott zum Fenster nach oben.

Das Fenster ist klein und kann nicht das ganze Leben hell und verstehbar machen. Und doch gibt der Glaube an Gott Orientierung. Trotz der Stürme sind wir nicht preisgegeben, es gibt Hoffnung. Trotz der Dunkelheit nehmen wir einander wahr, es gibt Liebe. Vielen ist dieses Fenster zu klein. Sie zünden ihre eigenen Lichter an. Die Kirche aber weist unermüdlich auf das Fenster nach oben. Sie tut es mit ihren Gottesdiensten. Sie will es auch tun mit ihren vielfältigen Einrichtungen, mit ihren Ämtern und Ehrenämtern, Ihre Verkündigung und ihr Dienst der Barmherzigkeit sind für unsere Welt unersetzlich.

In seiner Kantate „Ich will den Kreuzstab tragen" hat Johann Sebastian Bach das Auf und Ab unseres Lebensschiffes auf stürmischer See hörbar gemacht. Und dann eindrucksvoll die Botschaft von der Barmherzigkeit Gottes: „Ich will dich nicht verlassen noch versäumen. (...) Mein Wandel auf der Welt ist einer Schiffahrt gleich."

ICH ESEL
Maria Magdalenen, Hamburg, 19.Juni 1977

Gute und böse Gerüchte

„Jesus ging umher im ganzen galiläischen Lande, predigte das Evangelium und heilte alle Krankheit im Volk. Und das Gerücht von ihm verbreitete sich im ganzen Land." (Matthäus 4, 23f.)

Im 18. Jahrhundert lebte in Württemberg der geistvolle und originelle Pfarrer Johann Friedrich Flattich. Eine Frau in seiner Gemeinde brachte gern andere ins Gerede und verbreitete böse Gerüchte. Flattich bat die Frau zu sich, nahm ein Kopfkissen und stieg dann mit ihr zusammen auf den Kirchturm. Oben schnitt er das Kopfkissen auf und schüttelte die Federn aus. Der Wind breitete sie schnell über das ganze Dorf aus. Nun forderte der Pfarrer die Frau auf, alle Federn wieder einzusammeln. „Das kann ich nicht.", sagte sie, „Das geht nicht!" Worauf Flattich sagte: „Genauso ist es mit dem Gerücht, das Sie wieder verbreitet haben. Keiner kann es aufhalten, keiner kann es einsammeln."

Es gibt nicht nur böse Gerüchte, es gibt auch gute Gerüchte. Sie breiten sich ebenso unaufhörlich aus, keiner kann sie einsammeln. So geht das Gerücht von Jesus um – von Generation zu Generation, von Ort zu Ort. Ein gutes Gerücht, denn es ermutigt und gibt Hoffnung, es tröstet und heilt. Bei uns in der Kirche erhält es immer neue Nahrung durch die Gottesdienste. Und dann wird das Gerücht weitergetragen von Mund zu Mund. Erfahrungen mit dem, was unser Leben erträglich und sinnvoll macht.

Es wird so viel darüber geredet und geschrieben, dass es Gott nicht gäbe, dass wir Menschen unser Leben also selbst in die Hand nehmen müssten. Ein unheilvolles, ein böses Gerücht. Es vergiftet unser Zusammenleben, nicht statistisch nachweisbar, auch nicht von heute auf morgen. Aber unvermeidbar und unentrinnbar. Der berühmte Schweizer Psychologe C.G. Jung hat einmal gesagt: „Atheistische Epochen sind in der Geschichte immer zugleich neurotische Epochen." Das bedeutet: Wir verlieren den Blick für die Realität. In so einer Atmosphäre geht das Menschliche an uns zugrunde. Der Mensch stumpft ab. Die Freude freut nicht mehr. Der Schmerz bewegt nicht mehr. Er kann nicht mehr lieben und nicht mehr hoffen. Das Leben erscheint dann zu oft nicht mehr lebenswert. Der Untergang erscheint erstrebenswerter als das Überleben.

Dennoch, das Gerücht von Jesus geht um unter uns: Dass er die Krankheit unserer Gesellschaft heilen will, dass er das Evangelium bringt. Das Evangelium ist der Zuspruch, dass Gott da ist. Hautnah bei uns ist. Wir müssen also unsere Wirklichkeit nicht einfach als kalte Schicksalsmacht hinnehmen, die unser Leben der Zufälligkeit überlässt. Das Evangelium verspricht uns, dass der jenseitige Gott für uns da sein will in Zeit und Ewigkeit. So hat er sich in dem Menschen Jesus von Nazareth gezeigt.

Aber: Eben nur ein Gerücht. Wer weiß, ob was dran ist. Ich gebe nichts auf Gerüchte. Auch der Schriftsteller Jurek Becker schreibt in seinem Roman „Jakob der Lügner" von einem Gerücht: Im Getto hat Jakob von SS-Leuten das Gerücht gehört, die Russen hätten einige hundert Kilometer entfernt die Deutschen in einer entscheidenden Schlacht besiegt. Für ihn und seine jüdischen Leidensgenossen bedeutet das: Die Befreier nahen! Es gibt wieder Hoffnung. Ihr Lebensmut kehrt zurück, die Selbstmordquote nimmt ab. Und Jakob muss weiter erzählen, muss lügen, dass er ein verbotenes Radio besitzt, muss täglich Geschichten erfinden, aus denen hervorgeht, dass die Freiheit, dass die Erlösung näher und näher rückt. Aus Barmherzigkeit lügt er und aus Güte. Jakob lügt, um für die Menschen Zeit zu gewinnen. Jakob lügt, damit sie ihre Rettung erleben.

Gott ins Gerede bringen

Sind die Gerüchte von Jesus Lügengeschichten? Märchen, die man erfindet, um das Leben erträglicher zu machen? Sie sind in der Tat für unser Leben so unwahrscheinlich, dass alles gegen sie spricht. Aber sie sind auf der anderen Seite so verlockend, so einladend, so menschenfreundlich, dass sie in uns den Glauben, die Hoffnung und die Liebe wecken. Die Gerüchte von Gott, die in der Bibel gesammelt sind, wären längst vergessen, wenn die Menschen in ihnen nicht eine Wahrheit erfahren hätten, die geradezu lebensnotwendig ist. Wir haben Gott nicht wie ein Haus oder eine gute berufliche Position. Wie die Liebe, die Hoffnung und der Glaube, so bleibt Gott ein Gerücht, so lange wir leben. Aber wir leben davon, dass wir Gerüchte von Gott gehört haben. Und die Gerüchte bleiben lebendig, indem wir sie anderen Menschen weitererzählen.

Was macht es schon, wenn allerlei Gerüchte über die Kirche, den Kirchenvorstand und den Pastor verbreitet werden. Solange bei uns das Gerücht von Gott umgeht, gibt es keinen Grund mutlos zu werden. Ich habe es erlebt. Es gibt hier viele Menschen, die ganz unaufdringlich Gott ins Gerede bringen.

Als ich vor über sieben Jahren am Sonntag Palmarum, als Pastor dieser Gemeinde eingeführt wurde, da ist hier im Gottesdienst die Geschichte vom Einzug Jesu in Jerusalem verlesen worden. Ich wollte der Esel sein, der Jesus, das Gerücht von

Jesus, in diesen Stadtteil hineinträgt. Ich habe das sehr gerne getan und will das nun in einer anderen Stadt weitertun. Beim Kirchentag in Berlin wurde mir auf dem Markt der Möglichkeiten eine Plastiktüte in die Hand gedrückt. Ein Esel ist darauf. Und daneben steht eine kleine Fabel für uns alle, die wir oft nur widerwillig ein Esel unseres Herrn Jesus Christus sind: „Ach", sagte der Esel, „es ist zum Stehenbleiben. Die Welt wird schwerer mit jedem Tag. Seit ich meinen Rücken hingehalten habe, bin ich bepackt, dass mir die Beine zusammensacken wollen und mein Gesicht immer dümmer dreinschaut." „Vergiss nicht", sagte der Weg, „ich trage dich, deine Pakete und deinen Trübsinn dazu – wenn du mich nur zum Tragen kommen lässt." „Ich Esel", sagte der Esel und trabte los. Und siehe, es stimmte.

WAHRHAFTIGKEIT

Kieler Nachrichten, 4. Februar 1989

V on Bischof Lilje wird erzählt, bei einer Amerikareise kurz nach dem Krieg sei er gleich am Flughafen von einem Reporter gefragt worden, ob er hier denn auch ein Nachtlokal besuchen würde. Der Bischof wollte sich nicht moralisch entrüsten und fragte schmunzelnd zurück: „Gibt es hier ein Nachtlokal?" Am nächsten Tag titelten die Zeitungen: „Erste Frage des Bischofs aus Deutschland: ‚Gibt es hier ein Nachtlokal?' Diese Anekdote wird gern erzählt, um zu zeigen, wie schlechter Journalismus die Wahrheit manipulieren kann. Der Reporter hat nicht gelogen – er war unwahrhaftig.

Während wir uns, gewiss zurecht, über die Lügen Einzelner empören, merken wir kaum noch, dass wir insgesamt in einem Klima der Unwahrhaftigkeit leben. Wer wahrhaftig ist, sucht, die ganze Wahrheit im Blick zu behalten, auch wenn er nur einen Teilaspekt beleuchten kann. Wahrhaftigkeit bleibt auch dann im Umkreis der Wahrheit, wenn Kürzung und Vereinfachung erforderlich sind. Darum ist es einfach unwahrhaftig, wenn der Eindruck erweckt wird, wir könnten ohne persönliche Opfer an die großen Aufgaben unserer Zeit herangehen: Frieden, Gerechtigkeit und Bewahrung der Schöpfung. Es ist auch nicht wahrhaftig, wenn behauptet wird, die Medien selbst machten keine Politik, sie berichteten nur über das, was andere gesagt und getan haben. An der Politikverdrossenheit der Bürger sind wahrhaftig nicht nur die Politiker schuld! Und zur Wahrhaftigkeit der Kirche gehört, die geistliche Armut in ihrer Mitte wahrzunehmen. Unwahrhaftig ist es, wenn sich progressive und konservative Christen gegenseitig die Kirchenaustritte vorhalten. Noch unwahrhaftiger ist die Undankbarkeit. Ist es doch auch heute noch nicht selbstverständlich, dass wir frei und öffentlich die Sache Gottes ins Gespräch bringen können.

Nicht erst die Lüge, schon die Unwahrhaftigkeit nimmt uns die Glaubwürdigkeit. Unsere moralische Not ist größer als wir wahrhaben wollen. Und doch will ich nicht resignieren, sondern mich daran halten, dass Gott wahrhaftig ist. Er deckt die Wahrheit über uns auf – nicht, um uns bloß zu stellen, sondern um uns ganz in seine Liebe einhüllen zu können. So steht in der Bibel: „Lasst uns wahrhaftig sein in der Liebe!"

KEIN NACHRUF

NDR, 3.April 1987

E in Krankenhauspastor kommt in ein Krankenzimmer, in dem drei Männer liegen. Er möchte sie ein bisschen aufmuntern und erzählt darum, was sich so alles in der Stadt zugetragen hat.

Eben war der Pastor über den Markt gegangen und hat den Schluss einer Wahlveranstaltung mitbekommen. Ein bekannter Politiker aus Bonn schloss seine Rede mit den Worten: „Prüfen Sie genau alles, was Ihnen an Wahlreden noch zu Ohren kommt. Sie wissen es ja: Nie wird mehr gelogen als nach der Jagd, vor der Ehe und vor der Wahl." Die Patienten lachen zustimmend. Ja, so ist´s genau. Einer von ihnen schaut den Pastor an und fügt hinzu: „Eins hat er doch vergessen: Nie wird mehr gelogen, als am Grab!" Wieder stimmen die anderen zu. Jeder erzählt auch gleich, was er da so erlebt hat.

Jetzt ist aber der Pastor dran. Er soll Stellung beziehen. Auch er könnte viel erzählen, ist er doch meist angewiesen auf das, was die Angehörigen ihm erzählen. Und auf die alten Römer könnte er hinweisen, die gesagt haben: „De mortius nisi bene", „Über die Toten sagt man nur Gutes", aber der Pastor tut das nicht. Er zieht eine Bibel aus der Tasche und blättert, bis er bei Paulus diesen Satz findet; „Richtet nicht vor der Zeit, ehe der Herr kommt. Er wird ans Licht bringen, was im Finstern verborgen ist, und wird das Trachten der Herzen offenbar machen. Dann wird ein jeder von Gott sein Lob empfangen." Also Gott selbst sucht das Lob und nicht den Tadel. Sollten wir etwa etwas anderes suchen? Wird wirklich am Grab so viel gelogen?

Das kann nur der behaupten, der eine Grabpredigt für einen Nachruf hält. Sie ist aber ein Anruf. Wir legen den Verstorbenen mit allem Guten und trotz aller Schuld in Gottes Hände. Und nun rufen wir an den Herrn über Lebende und Tote, dass er unseren Entschlafenen aufnehme in sein ewiges Reich. Wir tun das, indem wir Gott loben über dem Leben des Verstorbenen, wir tun das, indem wir Lob suchen und finden im Leben des Verstorbenen.

Die Wahrhaftigkeit des Glaubens bewährt sich im Loben und Danken. Die Wahrhaftigkeit einer Grabpredigt ist nicht so sehr dort gefährdet, wo ich vom Menschen rede, sondern vielmehr dort, wo ich von Gott rede. Kommt hier wirklich Gott zur Sprache als der Lebendige und Ewige, als große Hoffnung und verlässlicher Trost, oder erscheint Gott als schmückendes Beiwort, das den Nachruf zieren soll, so wie man einen Sarg mit Blumen schmückt? Das ist die Frage und die Sorge eines Pastors.

DEN ENGEL SEHEN

Sonntag Cantate, 21. Mai 2000,

Abschiedspredigt in St. Nikolai, Kiel

Der König Nebukadnezar ließ ein goldenes Bild machen, sechzig Ellen hoch und sechzig Ellen breit, und ließ es aufrichten im Lande Babel. Und der König ließ ausrufen: „Es wird euch befohlen, ihr Völker und Leute so vieler verschiedener Sprachen, wenn ihr hören werdet den Schall der Posaunen, Trompeten, Harfen, Zithern, Flöten, Lauten und aller anderen Instrumente, dann sollt ihr niederfallen und das goldene Bild anbeten. Wer aber dann nicht niederfällt, der soll sofort in den glühenden Ofen geworfen werden."

Es waren aber da drei jüdische Männer, Schadrach, Meschach und Abed-Nego. Die verachteten das Gebot des Königs und beteten das goldene Bild nicht an. Da befahl Nebukadnezar mit Grimm und Zorn die drei Männer vor ihn zu bringen. Und der König fing an und sprach zu ihnen: „Wie? Wollt ihr, Schadrach, Meschach und Abed-Nego, meinen Gott nicht ehren und das goldene Bild nicht anbeten, das ich habe aufrichten lassen? Wohlan, seid bereit! Lasst sehen, wer der Gott ist, der euch aus meiner Hand erretten könnte!"

Da fingen an Schadrach, Meschach und Abed-Nego und sprachen zum König Nebudkadnezar: „Es ist nicht nötig, dass wir dir darauf antworten. Wenn unser Gott, den wir verehren, will, so kann er uns erretten; aus dem glühenden Ofen und aus deiner Hand, o König, kann er erretten. Und wenn er's nicht tun will, so sollst du dennoch wissen, dass wir deinen Gott nicht ehren und das goldene

Bild, das du hast aufrichten lassen, nicht anbeten wollen."

Da wurde Nebukadnezar voll Grimm und befahl, die drei Männer zu binden und in den glühenden Ofen zu werfen. Und Schadrach, Meschach und Abed-Nego fielen in den Ofen, gebunden, wie sie waren.

Plötzlich entsetzte sich der König, fuhr auf und sprach: „Haben wir nicht drei Männer gebunden in das Feuer werfen lassen? Ich sehe aber vier Männer frei im Feuer umhergehen und sie sind unversehrt; und der vierte sieht aus als wäre er ein Sohn der Götter." Und Nebukadnezar trat vor die Tür des Ofens und sprach: „Schadrach, Meschach und Abed-Nego, ihr Knechte Gottes des Höchsten, tretet heraus und kommt her!" Und der König sprach: „Gelobt sei der Gott Schadrachs, Meschachs und Abed-Nego, der seinen Engel gesandt und seine Knechte errettet hat, die ihm vertraut und mein Gebot nicht gehalten haben. Es gibt keinen anderen Gott als den, der so erretten kann!"

(Buch des Propheten Daniel, 3. Kapitel)

Dennoch glauben

An meine erste Bibelstunde bei meinem Vater kann ich mich noch erinnern. Weil das Buch des Propheten Daniel besprochen wurde, durften wir schon als Kinder dabei sein. Die Geschichte von den drei Männern im Feuerofen hat mich tief beeindruckt. Ich erinnere mich, dass mein Vater besonders das „Dennoch" des Glaubens hervorhob: „Und wenn unser Gott uns nicht erretten will, so sollst du dennoch wissen, dass wir dein Bild nicht anbeten werden." Dieser „Dennoch"-Glaube ist

Sergej Tichomirow – Geistkämpfer

eine besondere Stärke des Judentums. Er hat sich durch die Jahrhunderte bewährt bis hinein in den Holocaust. Für uns Christen wäre es ebenfalls gut, wir hätten viel von diesem „Dennoch"-Glauben. Aber das Vertrauen in den himmlischen Vater lässt uns zu schnell Gottes Heiligkeit vergessen.

An der Geschichte von den drei Männern im Feuerofen ist mir heute aber noch etwas anderes besonders wichtig: König Nebukadnezar sah die vierte Gestalt im Feuerofen und erkannte den Engel Gottes. Er hat den Engel gesehen. Dietrich Bonhoeffer, 1944 im Gefängnis, hat den Engel gesehen. Die Nationalsozialisten sahen ihn nicht. Der Bildhauer Ernst Barlach hat ihn gesehen. Das war sein Lebensthema. Und so schuf er für Kiel den Geistkämpfer, dieses Meisterwerk, das jetzt an unserer St. Nikolaikirche steht. Er erinnert uns daran, dass wir den Engel brauchen, der über uns wacht, mehr noch, der für uns kämpft, damit wir nicht nach unten und letztlich in den Abgrund gezogen werden. Barlachs Geistkämpfer ist im Dritten Reich als „entartete Kunst" entfernt – und auf wundersame Weise bewahrt worden. Zerteilt und gut versteckt lag er in einer Scheune in der Lüneburger Heide. Dass der Geistkämpfer heute wieder in Kiel steht, ist dem früheren Kieler Bürgermeister Andreas Gayck zu verdanken. Eigentlich wäre er das schönste Wahrzeichen Kiels, seiner künstlerischen Aussage wegen und auf Grund der besonderen Geschichte. Schade, dass so viele Kieler das noch nicht erkannt haben.

Rund 50 Jahre nachdem Ernst Barlach den Geistkämpfer schuf, hat sich ein junger russischer Künstler vom Geistkämpfer und der Nikolaikirche inspirieren lassen. Er schuf dieses dramatische Bild, das ich vor sechs Jahren von ihm erworben habe. Fast gespenstisch sieht es aus, der Nachthimmel erleuchtet wie im Bombenkrieg, eine apokalyptische Szene. Und das Schlimmste: Der Engel entschwebt in die Höhe – die Bestie ist losgelassen. Ungebändigt jagt das wilde Tier über die Dächer des Alten Marktes. Dieses Bild gehört zu den Kunstwerken, die ich mir immer wieder lange anschauen kann. Immer wieder kommen mir beim Betrachten neue Gedanken. Vielleicht denken heute manche an den furchtbaren Verkehrsunfall in der vergangenen Woche, bei dem acht Menschenleben ausgelöscht wurden. Das Tier in der Gestalt eines riesigen, ungebändigten Fahrzeugs. Und der Engel war nicht da. Wohl dem, der über den tausend unbeantwortbaren Fragen nicht verzweifelt, sondern „dennoch" sagen kann.

Das Bild des russischen Künstlers, Sergej Tichomirow, hängt in meinem Arbeitszimmer. Wenn ich es ansehe, dann denke ich oft an meinen Vater. Er hat den Engel gesehen. Von ihm ließ er sich hineinziehen in den Kampf, als der Geist des Nationalsozialismus wie eine Bestie über die Dächer unseres Landes jagte. Es gäbe da viel zu erzählen. Nach dem Krieg, aus der Heimat vertrieben, hörte mein Vater, dass noch einige Mitglieder seiner Gemeinde in dem schlesischen Dorf geblieben waren. Er kehrte

zurück, weil er als Pastor seinen so bedrängten Gemeindeglie-
dern nahe sein wollte. Und wenn ich dann an mich denke, an die
Gnade meiner späten Geburt, dann bin ich mir ziemlich sicher,
dass ich versagt hätte. Wenn ich vor dem Geistkämpfer stehe,
dann frage ich mich das oft: Wofür wäre ich zu kämpfen bereit?
Den Engel sehen, das wünsche ich mir. Das ist das wichtigste.

Der Engel ist nicht entschwunden

Trotzdem, auch das zügellose Tier nicht zu übersehen, wird
wieder wichtig. In Heilbronn, der Stadt, der ich besonders verbunden bin, weil ich dort meine Frau kennengelernt habe, steht
seit Wochen auf dem Spielplan des Stadttheaters ein Stück des
amerikanischen Pulitzer-Preisträgers Terrence McNally. Der Ti-
tel: „Corpus Christi". Jesus und seine Jünger werden dargestellt
als hemmungslose Horde, homosexuell, maß- und grenzenlos.
Die Sprache ist obszön, soll provozieren und stößt so viele ab.
Es gab Kritik. Das Theater, der Kulturausschuss und einige Zeitungen verteidigten das Stück, die künstlerische Freiheit gelte es
zu schützen, fanden sie, und dem Zeitgeist müsse man entge-
genkommen. Wenn in dem Stück die grenzenlose Toleranz Jesu
gerade uns Christen als Provokation vor Augen gehalten werden
sollte, dann wäre das hinzunehmen, vielleicht sogar berech-
tigt. Der Intendant aber interpretiert das Stück offen als Ver-
höhnung. Die Mehrheit wolle das, sagt er. Und das genügt. Der

Mehrheit fühlt er sich verpflichtet. Ist das der Zeitgeist? Dann jagt mit ihm allerdings ein zügelloses Tier über die Dächer, und nicht nur über die Dächer Heilbronns.

Und dennoch: Der Engel ist nicht entschwunden. Er schwebt über der Kirche mit ihrer großen Schattenseite und ihrem lichten Eingang. Den Engel sehen – das ist das wichtigste! Sogar Nebukadnezar hat ihn gesehen. Dietrich Bonhoeffer hat ihn gesehen. Viele in der St. Nikolai-Gemeinde sahen ihn. Und ich bin dankbar, dass ich so viele Jahre in dieser Gemeinde auf ihn zeigen durfte, auf den Engel, der die Bestie zähmt und für uns in den Kampf zieht.